科文西方工商管理经典文库·金融系列

财富新时代

投资者如何从未来经济的五大趋势中获利

The New Era of Wealth

〔美〕布赖恩·S·韦斯伯里 著
(Brian S. Wesbury)
刘轻舟 译

光 明 日 报 出 版 社
科文（香港）出版有限公司

著作权合同登记图字：01-2001-1051 号

图书在版编目（CIP）数据

财富新时代/（美）韦斯伯里著；刘轻舟译. —北京：光明日报出版社，2001.5
（科文西方工商管理经典文库·金融系列）
ISBN 7-80145-398-0
Ⅰ. 财… Ⅱ. ①韦…②刘… Ⅲ. 网络经济-研究 Ⅳ. G062. 5

中国版本图书馆 CIP 数据核字（2001）第 15164 号

光明日报出版社
科文（香港）出版有限公司 出版发行
北京永安路 106 号
邮政编码：100050 电话：63184197
北京科文剑桥图书有限公司承销
北京安定门外大街 208 号三利大厦四层
邮政编码：100011 电话：64203023 购书网址：www.dangdang.com
※
开本 850×1168 1/32 印张 10 字数 200 千字
2001 年 5 月第 1 版 2001 年 5 月第 1 次印刷

定价：22.00 元

译者的话

我接到《财富新时代——投资者如何从未来经济的五大趋势中获利》这本书时已是新千年了，快速浏览完毕后，我深深地被书中富有哲理的论述和贴切的案例所折服。

本书的作者是芝加哥 Griffin, Kubik, Stephens & Thompson 的副总裁和首席经济学家，他在 1998 年被《华尔街日报》评为全国最优秀的经济预言家之一。他从不同的角度论证了财富的新时代已经到来，并详细描述了在已经转变成网络式经济的社会里投资者应该如何安排自己的资产组合。

这本书大体上分三大部分。第一部分阐述了新时代是如何在科技革命、全球化和经济效率，大政府主义的结束、新世界的政策方向以及紧缩的货币政策这五大趋势创造的理想经济环境中以良性循环的方式向前发展的；第二部分论述到威胁新时代的四个要素和人们观念的改变，并进而提出创造个人财富的策略；第三部分从如何在新时代里将你的资产分配于股票、债券、互惠基金及不动产和农产品来论述在财富的新时代里投资所产生的影响。这三个部分融会贯通，由浅入深、简单易懂。通读此书后，读者将对美国乃至世界经济的过去以及未来走向有一个较为深刻的了解，同时书中总结的经验教训和提出的策略、建议对我们经济的发展也有借鉴和指导作用。

当然，这本书中也有一些缺陷，例如，对侵略领土行径的赞扬和对我国经济状况的错误评论等。但是，书中所主要阐明的新时代将会在未来20年或30年里继续存在下去的观点是令人信服的，这就为投资者作出投资决策提供了依据。

在翻译此书的过程中，许多人都给了我很大的帮助，在这里特别感谢臧金良、曹淮扬、吴洁云、臧心晴、范永俊、蒋迎武、薛冬、曹敏、陈勇强等同志不辞辛劳地帮助我进行资料查询、文稿的整理和审稿等工作，使这本书得以顺利出版。

感谢大家的支持！

刘轻舟
中国人民大学

目　录

鸣　谢

序　言

·悲观主义者是错误的……………………………………（8）

·繁荣的潜在因素………………………………………（11）

·财富从何而来——请问亚伯拉罕·林肯………………（12）

·阻碍的势力：财富的积累和重新分配…………………（15）

·股市晴雨表……………………………………………（16）

·从新时代获益…………………………………………（19）

第一部分　在新时代获益的框架

第一章　科技革命

·信息时代………………………………………………（31）

·是机器还是有生命活力的生态系统…………………（44）

·无限制的增加…………………………………………（49）

·科学技术的膨胀发展…………………………………（51）

· 推动效率提高的无穷力量……………………………（54）
第二章 全球化和经济效率
· 全球性经济中美元的主导地位……………………（65）
· 即使是欧元也无法与美元竞争……………………（70）
第三章 大政府主义的结束
· 社会支出计划和经济萎靡期………………………（79）
第四章 新世界的政治
· 无能为力的政府……………………………………（87）
· 一片石头和政府的第四个分支力量………………（97）
第五章 货币政策：预测出联邦储备局的动向
· 这是一项工作，而不是可以信奉的宗教…………（103）
· 保持平衡的措施……………………………………（106）
· VOLCKER 和格林斯潘的拯救方案 ………………（108）
· 格林斯潘时代………………………………………（109）
· 预测联邦储备局的举措……………………………（111）
· 供给学派的观点是正确的…………………………（114）
· 联邦储备局，利率和通货膨胀……………………（117）
· 联邦储备局的困境将使得通货紧缩出现…………（118）
· 出现在新时代的通货紧缩…………………………（121）

第六章　良性循环：五大趋势如何一起产生作用

·证据……………………………………………………………（125）
·众多明星和支持他们的配角……………………………（127）
·从整个球队（即综合的经济要素）中获得最佳收益……………………………………………………（130）
·保持球队的核心力量……………………………………（131）
·我们的货币…………………………………………………（134）
·综合起来看五大趋势……………………………………（138）

第二部分　为即将来临的繁荣构架你的资产组合

第七章　威胁新时代的四个因素

·经济大萧条…………………………………………………（143）
·70年代的经济弊端和停滞 ………………………………（148）
·恶性循环……………………………………………………（149）
·从日本学到的教训………………………………………（150）
·四个威胁性因素…………………………………………（152）
·市场是经济活动的监督者………………………………（152）
·暴风雨前的乌云…………………………………………（154）

第八章　改变观念

·否决的三个阶段…………………………………………（161）

· 人们知道，政策决定者将遵循新时代的指导方向…… (163)
· 忽略悲观的论调——要乐观 …… (164)

第九章　创造个人财富的策略

· 四次测试——新时代的适应力 …… (168)
· 财富在增加 …… (171)
· 投资于股票的风险在新时代会降低 …… (174)
· 即使低收益率的债券也能提供非常高的实际利率…… (176)
· 增加储蓄和摆脱债务 …… (178)
· 有活力的市场能够增加机会——相信市场是善于发现人们天赋的 …… (180)
· 投资于新时代 …… (182)

第三部分　在财富的新时代投资决策产生的影响

第十章　选择未来的股票种类

· 风险和报酬 …… (188)
· 利润减少的因素 …… (189)
· 市盈率的作用 …… (190)
· 新千年股票市场运行的主要基本规则 …… (192)
· 为什么新时代会提高市盈率 …… (193)
· 市盈率和通货膨胀 …… (196)
· 通货膨胀和税收 …… (198)

·市盈率和利率……………………………………………………(200)
·税收和股票…………………………………………………………(203)
·在理念而不是在资源中寻求价值………………………………(206)
·历史是在告诫我们吗？……………………………………………(207)
·生产力发展——新旧对照…………………………………………(213)
·繁荣的网络经济……………………………………………………(222)
·扰乱型科技和新时代………………………………………………(226)
·找寻错误配置的资源——管制的撤销为此提供了机会…………………………………………………………………………(229)
·从休闲时间和财富积累中获利……………………………………(231)
·最后注意的几点……………………………………………………(233)

第十一章 选择合适的股票和共同基金

·你应该投资多少？——110规则……………………………………(235)
·我该购买什么股票？………………………………………………(236)
·价值和经济增长……………………………………………………(238)
·纯经济现象…………………………………………………………(243)
·如何去管理你新时代的投资………………………………………(244)
·每天交易……………………………………………………………(244)
·共同基金……………………………………………………………(245)
·什么形式的共同基金在新时代发展态势好………………………(246)
·50/50策略…………………………………………………………(248)
·投资个人股票………………………………………………………(249)

· 如何构造一个合理的资产组合 ………………………… (250)
· 401 K 和 IRA ………………………………………… (256)
· 最后注意的几点 ……………………………………… (257)
第十二章　为获得长期报酬，使用好你的债券
· 理解债券收益 ………………………………………… (259)
· 通货膨胀津贴 ………………………………………… (260)
· 税收津贴 ……………………………………………… (262)
· 实际利率 ……………………………………………… (262)
· 全盘考虑——三个要素和联邦储备局 ………………… (265)
· 关于债券市场的旧传闻 ……………………………… (268)
· 从低利率中获利 ……………………………………… (270)
· 如何投资于债券 ……………………………………… (271)
· 购买个人债券 ………………………………………… (271)
· 债券基金的问题 ……………………………………… (274)
· 摒弃传言和悲观主义论调 …………………………… (276)
· 新时代对债券的预测 ………………………………… (278)
第十三章　不动产和农产品
· 在新时代，空间和资源是无限的 …………………… (280)
· 通货膨胀、通货紧缩和资源价格 …………………… (281)
· 科学技术和不动产 …………………………………… (283)
· 住宅，房地产投资信托公司 REITS 和新时代 ……… (285)

・投资不动产的机会仍然存在…………………………（287）
・农产品和贵重金属…………………………………（289）
・通货紧缩和新时代…………………………………（293）
第十四章　财富的新时代刚刚开始
・既得利益集团和新的商业运作模型…………………（297）
・反对改革的人和新时代……………………………（299）
・百万富翁到处可见…………………………………（300）
・摒弃悲观主义论调…………………………………（301）

鸣　谢

20 世纪 80 年代初，从 Robert Geretski——芝加哥哈里斯银行最高级别的经济学家，雇佣我——一个年轻的大学毕业生作为他的经济学助教开始，我的整个生活就因此而改变了。经过 Geretski 循循善诱的教导和自己对世界的真实感悟，我明白了世界真正的运行方式。

从业初期，我还有幸认识了 Beryl Sprinkel，Arthur Laffer，Jack kernp，Alan Reynolds，larry Kudlow，Victor Canto，Bob Mottice，Joe Bast 和 David Padden，此时我非常感谢他们传授给我的智慧。

他们指引我拜读了 Milton Friedman，F. AHayek 和 Luduig Von Mises 著作中的许多内容，阅读那些伟人的著作使我学到了博大而精深的经济学知识，这一切已经深刻地影响了我的一生。也正是书中的精髓内涵激发了我创作此书的灵感。

其中，最重要的思想之一是这样阐述的：当自由占主导地位时，人们的谋略和创新精神制造了令人难以置信的财富。这是人类生活条件自然提高的源泉。此理论已成为我经济思想的奠基石。

如果这本书中所著内容可以令别人思考，理解、接受进而受益的话，那么，它就是有一定意义的了。

自由和企业家活力已经使美国经济从萧条的20世纪70年代转变为繁荣的80年代和90年代。因此，美国正在经历着一个前所未有的经济腾飞新时代，这个时代足以与当年的工业革命相媲美。新时代的财富被五大关键趋势所驱动着，本书所要叙述的正是这五大趋势本身。

部分趋势已经在华盛顿特区出现。在我担任Senator Mack领导的联合经济委员会的首席经济学家的过程中，曾有幸和同时期最著名的政治领袖之一Senator Connie Mack工作在一起，从中，我懂得“政治和经济是如何相互作用的”这一非常宝贵的知识，而且我将终生受益于它。

毋庸置疑，和我在华盛顿特区工作的其他研究者，如Bruce Bartlett，Paul Merski，Dan Mitchell，Steve Moore，Bob stein，Phaedon Sinis，Missy Shorey，Melissa Cortese Foxman和Jeff、Given，也必将在本书中的篇章中，看到他们的思想和研究成果。

除了上述提及的人以外，帮助我并使得我在金融市场所受教育得以日趋完善的，在哈里斯银行工作的Bob Davis，John Kirscher，Dave Mead，Bud Bruffel，Willie Mcnickle和Jerry Jurs都为我成为一名好银行家做了许多努力。Walter Fitzgerald——芝加哥公司遇到的一位同事，可能他自己都不会意识到，他对我成长的意义。

位于芝加哥的 Griffin，Kubik，Stephens & Thompson 公司，在那儿的工作经历，创造了我与证券业一些最优秀人材一起工作的机会。Gary Griffin，JimKubik 和 Daid Thompson 不仅给予我充分空间和自由去撰写这本书，Larry 和他们还都热情指导和教诲，让我有机会成为公众人物。

我的朋友和同事们，Bob Kengott，Jay Fairbanks，Wayne Morkes，Zarry Kohls 和 Gregg Riley，从各方面支持我，协助编辑，校对，以至于整体内容的改进。在此，同样非常感谢他们诚恳和友谊。而作为我的助手，Aleksandrs Kalnins，则忍受了无止境的编辑工作，保持工作的持久性和延续性，从不间断。对于他，仅表达个人最真挚的谢意。

而且，若没有《华尔街时报》上一篇社论的认可，那么，这本书将不会问世。感谢 Robert Bartley，Amity Shlaes，Max Boot，Claudia Rosett 和 James Taranto 给我的那次机会，通过读他们的社论，我不仅学到知识，还赢得了崇高荣誉；因为，能在刊物上发表文章，如此的待遇，本身就是成绩和光荣的象征。《投资者商务日报》的主编 Paul Sperry 通过把我纳入“IBD Brain Trust”来挫败我的傲气，并始终如一地支持我的进步。他所掌握的经济学和市场调研领域的知识差不多和我一样，没有超过我掌握的范畴。我把他作为朋友。

如果没有父母 Stuart 和 June Wesbury 的努力和牺牲，我不可能成长为爱探索知识的人，也就不可能有这本书的问世。一样的，若没有我兄弟们，Brent Bruce 和 Brand，对我的爱和一贯的支持，我也不可能完成这本书的编写。

最后，若没有妻子 Brenda 的努力，完成这本书的创作将仍是一个梦想。我非常爱她，她是上帝赐给我的礼物，她也将在书中看到自己辛勤汗水所浇灌的丰硕成果。她不仅放弃了自己半年的社交生活，还帮助编辑如此多的文字材料，使我们生活不受太多影响，可以有时间享受和朋友在一块儿的快乐时光！

布赖恩·S·韦斯伯里

序　言

20世纪80年代初，我从蒙大拿大学毕业，那时经济正在衰退。要找到一个能充分展现自我，运用所学知识和培训技能的工作，几乎是一件不可能的事情。而今天，一个大学毕业生可以在两个甚至更多的公司间选择，开展价格战；从事电脑行业的科学家实际上可以给自己明码标价。就业机会和工作岗位越来越充足，而且薪水增长幅度高于通货膨胀率，股票交易量猛增，利率在下降，美国已成为世界最具经济实力的大国。所有这些简单的未经证实的观点都将成为本书的立论起点处，而这本书就是从那些观点娓娓到来的。美国是如何走出20世纪70年代悲惨的滞胀进入一个新时代经济的呢？如何以令人惊讶的速度创造财富的？答案是至关重要的，尤其对投资者来说就更加突出。这本书所分析的内容将帮助你理解缔造这个新时代的影响力。通过了解，谙熟诸多影响原因，你自己和你的资产将能更好地为未来20年或30年的繁荣做准备。

美国经济已经发生一些特别的事情，再加上经济基础看似坚固。这不禁让我联想到《圣经》上的寓言：一座建在石头上的房子可以抵抗风暴的袭击，但是一座建在沙砾上的房子却不能。所以我们的疑虑令我们担忧起许多其他问题。美国的经济是建立在石头上还是沙砾上呢？我们是很幸运才这样的呢？还是我们真的做对了？繁荣岁月是否如过眼云烟正像它来时那么快呢？所有这些问题的答案，对将来的投资决策显得至关重要。但需要声明一点：这本书的创作不仅仅为了方便大家挣钱，更多的，她是一本关于创造财富的书。因为很简单，只有当财富分布十分广泛以至令人们满足时，创造个人的财富，才相对容易许多。

我们谁都清楚，20世纪80年代早期，我们的工作，研究等经历伴随着很多情况，如：利率、通货膨胀，失业人口成倍增长，股市低落，经济就像游戏盘不住地在后退。今天，几乎难以想像那段悲惨凄凉的岁月是如何捱过来的；还记得吗，许多预言家曾断言不振、悲惨的岁月将永远继续下去?! 1979年，80年代初期经济衰退的前一年，一位为《纽约时代》经常撰写社论的著名经济学家兼小说作家，Robert Leka Chman 曾警告世人："经济增长的时代行将结束，经济衰落的岁月马上到来。"显然，他是错误的。远去的那令人忧郁的年代已成为遥远的回忆。

很快，美国就进入了一个全新的财富新时代。在历史上，美国经济已经有过几次忽高忽低的增长期，同时，还伴随着不时地抑制通货膨胀的斗争。但到了现在，新时代的经济已经完全不一样了，它有各种各样的特征：经济的迅速增长、低的通货膨胀率、低利率和稳定上升的证券、股票价格。新时代经济由创新和理念驱动着，因此，与它最接近，最具可比性的就是工业革命。然而，因为今天互联网和电信的独特技术，这个新时代将更加强大，拥有股票证券的危险性将下降，大量的财富正在累积和扩张。

对这一系列五大趋势的分析则暗示新时代的财富创造将持续几十年。为何我如此确信呢？历史的事实证明，当这五大趋势同时发挥作用，财富快速积累的状况就会出现。这五大趋势可以依仗自身的素质来增强并有着强大的生命力。五大趋势的存在使得新时代欣欣向荣、一片光明。

此五大趋势列举如下，也将在第一部分详细论述。

科技——虽然全球的历史是由创新和进步组成，但是近年来科技在计算机和电信方面所取得的重大突破和进展是史无前例的。它们的运作和存在促进了利润不断增加，生产力水平迅速提高，超越美国任何一个时期。

全球化——科技的力量魔术般地“缩小”地球和世界；由于美国相对自由的市场和硬货币，她从中受益匪浅。美国经济不仅获益于持续增长的资本流，而且不断增强的全球化趋势也提高了她的经济效率，降低了商品价格。全球化经济将会给每一个人带来现实利益。

财政政策——新时代出现在20世纪80年代的早期并非是一个巧合。政府政策，尤其是长期以来集中于重新分配美国巨额国内生产总值（GDP）和管理商业的政策，在1980年初期已转向越来越微弱和不太具有侵略性的模式。

向我们的政治文化的趋同性——80年代初期美国政策的改

变及社会主义制度的低落，反映出资本市场的上升。从美国到孟加拉国，人们越来越懂得个人能力是提高生活质量的最好途径和保障，而不是政府职责。另外，越来越多的美国人拥有比以前更多的股票证券。以上两个事实，成为政治家企图颠倒进程所不可逾越的障碍。这样，良好的财政政策环境才有可能继续存在。

货币政策和通货膨胀——通货膨胀率大幅下降，从1980年的13％降到1998年和1999年的1.5％，这种趋势必然导致利率的降低，为证券业的发展铺平道路。两大趋势是通货膨胀率下降的原因，他们是：生产力的提高和联邦储备局政策的加强。低通货膨胀率和稳定的价格对于财富的创造是十分必要的。

悲观主义者是错误的

80年代中期，乐观主义者Don Zimmer作为教练统帅着芝加哥野兽垒球队。在与他们的支持者绝裂后，从8场比赛的征途奔劳中归来，我清晰地记的，芝加哥体育记者并没有满意500个进球，反而谴责了作为教练的他。Zimmer在一次新闻发布会上，很受挫折地说："我知道自己球队的比赛结果是4∶4，但你们是最明白不过了，这完全可以不这样描述的。"

从Zimmer的例子可以看出，同样一件事，不同的结果，完全取决于你自己是如何看待它的。在经济和金融市场与此没有什么不同，乐观的和悲观的投资者都可以找到证据来支持他们各自观点。最近，乐观主义者已搜索到有关数据资料来丰富他们的观点，许多个人都一致认为他们的经济环境比其父母辈时代要好得多，而且现时代经济正在扫除忧郁的规划。乐观主义者获得了空前的机会。

当然了，悲观主义者也必然有理由和证据。亚洲崛起的奇迹演变成亚洲经济危机；俄罗斯（原苏联）已经垮台；南美经济在风雨飘摇之中；通货膨胀和通货紧缩令人奇怪地共存。一部分人认为，以上所有事实，将会把美国的泡沫经济推向崩溃的边缘。

悲观主义者四处都有，他们认为经济的崩溃很容易就会发生，而且可能会很快发生。此群体人将把市场中每一次动荡都定性为经济衰退的征兆，他们还认为：要不是因为有短暂的、偶然的、稳定的经济环境存在，通货膨胀率会一涨而不可收拾，金融市场也会一荡而永不安宁。

1998年4月，《经济学》杂志发表一篇论文，重点强调了美国的泡沫经济，并证明出市场和经济正走向崩溃。4月后，《纽约客》上刊登John Cas Sidy撰写的题名为“破裂的经济泡沫”的文章，文中讲到：“比较（在1929年和今天）是很显著的。”

1998年10月，《Esquire》——一本没有因其商业性聪明才智而著名的杂志，发表了一篇名为“行将来临的经济衰退”。文中，Walter Mead描述道“经济正在经历着世纪风暴，这次经济危机和

30年代的大危机一样大，甚至比后者更猛烈，更严重。

不知道大家注意到没有，大多数这类文章都完成于1998年全球金融危机之中，但是他们的分析正潜在预示着新时代不久即将结束。若预言如此，乐观主义者开始有点像Pollyanna。但是乐观主义者拥有美国发展史作为支持自己观点的论据。两百多年来，美国持续创造的财富比世界上其他任何一个国家都多。取得如此巨大成就的原因有：我们对于个人的创造力、企业家行为和对法律体系的信仰。尽管财富创造具一定的稳定性，美国依旧经历过长时期的经济增长阶段和停滞阶段。具体来说，这些时期一般持续大约20年左右。但偶尔，我们也会步入历时40年或更长时间的经济增长期，条件是，财富积累极其庞大得可以与1870年至1910年工业革命相媲美。今天，正是那些光辉岁月长河中的一小段，奇怪吧，这正是在1998年全球金融危机中美国经济毫发未损的原因所在。

如此看来，乐观主义者是对的，而悲观主义者是错的。传球的失误或球棒的断裂可能影响到一场垒球赛的最后比分，但是在多达162场的比赛的赛季中，投掷、击球和防守的质量才是决定性的硬条件，经济的道理的亦然。潜在的经济实力并不取决于运气，而是由投资、企业家创新、风险承担等基础性因素所决定。鼓励以上因素蓬勃发展的最佳途径就是政策决策者努力使市场自由化、价格稳定。

繁荣的潜在因素

岁月时空回转18个春秋，当时的人们无法预料到现如今的繁荣。遥想1980年早期，美国经济正处于大衰退期，悲观的论调不绝于耳，通货膨胀和失业人口成倍增加。当罗纳德·里根接任总统时，面临的一个令人窘迫的问题是："您认为今天的形势比四年前好吗？"

如此真切的问题！20世纪80年代早期，在调整通货膨胀率后，股票价格比1965年平均低60%～70%。哪怕加入红利，大公司股票的总体利润在1965年至1981年也不令人乐观。更重要的是收入在下降，利率却狂升20%，甚至卡特总统用"萎靡不振"这个词来形容他任职期的美国经济。

因为当时衰落的经济时代，指责卡特总统已越来越普遍；但是，埋怨并非一夜之间忽然出现的。早在1965年，经济衰退已初露端倪。1960年中约翰逊总统实施的社会活动迅速扩大了政府开销，为了支付这笔费用以及增加的越南战争预算，税收在加强。尼克松总统执政期间，也就是1970年初期政府开支增加最多。

在沉重的税赋和庞大的政府开支的压力下，经济开始动荡，联邦储备不得不开始刺激经济，并使之继续前进。最后，政府的沉重负担引起失业、宽松的货币政策，继续恶化了通货膨胀。一系列的连锁反应迫使尼克松总统不得不关闭黄金对外窗口，开始对价格和工资进行双重控制。尽管很多人认为诸多外在影响力也是引起美国经济变化的重要因素，如亚太经合组织等，但即使如此，它们也都是由美国国内变化引起的。

回到现实中，美国经济早已经反弹，完全走出了那段萧条岁月的阴影，进入全新的经济时代。如同美联邦储备会议主席阿兰·格林斯潘所说："这是给人印象最深刻的景象，也是在将近半个世纪我所观察的美国经济中所没有预见到的时代。"

在过去的 17 年里，剔除通货膨胀后的影响，人均净收入上扬将近 70%，从 1982 年的80 700美元涨至 1998 年136 250美元。历史总是在"一遍又一遍地重复"，在 1998 年，美国每一位男子、妇女、孩子的平均净收入也是136 250美元。

财富从何而来——请问亚伯拉罕·林肯

财富到底来自何方？它是来自于政府规划或政府消费吗？还是来自于低利率？或者来自于企业家创新？

如果你选择第三个答案，那么你就对了！是理念创造了财富；是找寻更有效的方式生产产品和提供服务创造了财富；同样，被人们所需要，渴望和向往的新产品的发明也创造了财富。

虽然大多数经济学家已经研究过这个问题，但多数所得答案皆为错误的。更严重的是，大多数上面类型的经济学家，在教授经济学课程的过程中，都认为财富来自于精明的政府管理。但是大家必须明白，因为政府干预经常涉足个人创新，它早就不是什么动力，反而成为阻碍经济发展的阻力。

幸运的是众多经济学家已经尝试并开始用正确的方法描述财富创造的过程。其中，最具声望的大家之一是亚当·斯密。早在1776年，他就出版自己著名的具有划时代意义的书《国富论》。斯密出色地解释了什么是财富以及什么不是财富。

他描述道：财富不是金钱（或在他的年代指黄金），而是指生产性资源——人、知识和资本。他不惜笔墨地花大篇幅地解释劳动力分工是如何提高生产力和财富的。通过让面包师傅成为专职面包师傅，屠夫成为职业屠夫，当他们试图提高其自身生活标准时，我们将获得益处。

当面包师傅总结出一个更加有效的方式生产或配送面包时，我们将受益于三个方面：第一，面包价格下降；第二，面包师傅使用比以前少的资源生产和配送面包，节约下的资源可以用来生产其他商品；第三，面包师傅能够获得更多的利润去投资他或她的企业或其他领域的商业。而且，当面包师傅所获得利润上涨，将要吸引其他人涌入面包制造业，这必定增加将来创新的机会和价格下降得更低的可能。

所有认真的学经济的学生都应该仔细拜读亚当·斯密的书，当然，还有其他一些人也详细阐述过相同的历程。亚伯拉罕·林肯，在斯密出版那本书83年后的一次公开演讲中，简单、清晰地诠释了整个历史的财富创造过程。

林肯在1859年的演讲，起初并没被注意，是Michael Novak提醒世人，让那次演讲开始闪耀出光芒。Michael Novak在1997年出版了自己的一本书《The Fire of Invention》中，Novak成功地将林肯的演讲词概述为详细的清单，把人类财富积累和生活质量提高划分为六大阶段。

这六个阶段的得出是语言的内涵延伸、强有力的观察和思想提炼的结晶。它们被记录成文字材料，印刷成册。回想起来，这也足以发现美国是允许言论自由和撰写宪法的。尤其是林肯集中于宪法里对发明、专利权及版权方面的保护，林肯认为这足以更加刺激天才发明者的兴趣，鼓励他们创造更多的东西。

天才的智慧带给企业家的活力，完美解释了财富创造的过程。例如大发明家托马斯·爱迪生被采访时说道：我找到5 000种方法如何做不成电灯泡。”但是，他个人的一次成功，则永远改变了整个世界，创造巨额的财富。这里所指的财富并不是指爱迪生为他个人赚到了巨额财产，而是指他为整个世界的财富做出的贡献，因为，电灯泡的发明显著提高了生产力水平和生活。

林肯的演讲内容中最重要的一点，集中于宪法。通过立法来保护理念和思想（尤其是专利权和版权），政府则保护企业家的智力资本。因为，如果没有找到使用它们的途径和方法，物体本身则毫无价值，理念才是财富创造的金钥匙。举个简单例子，沙土仍然是沙土直到它被用来做成硅砖，这是理念的价值而不是沙土具有的价值。

要深刻理解亚伯拉罕·林肯在1859年演讲的内容，必须结合了解，美国正在开始它的工业革命。接下来，工业革命被内战打断后，则一直持续到19世纪的后半期。第一根横渡大西洋的电缆在1865年铺设成功，纵横发达的铁路线遍布国家的大江南北。又是40多年，电力、发动机、汽车、唱片机、电话都开始进入日常使用生活。

工业革命时发明的进程给美国带来持续40年的无通货膨胀经济繁荣期。今天，类似的情况正在我们身边发生，传真机、电脑、互联网，蜂窝式电话和卫星通讯系统无一不是源于天才们的智慧。当代的这一系列的发展和进步也必然会产生和崛起另一个美国历史上的无通货膨胀的经济高度发达期，美国这艘航母已经驶入了财富新时代。

阻碍的势力：财富的积累和重新分配

虽然我们都明白创新才是改变我们世界的动力和源泉，但大家又不得不承认，人类的发展史的确也是相应的政府演变史。纵观历史，每当一次或一段时间财富积累至一定量，重新分配的政治势力就会开始抬头和加强。投资者和政治家一定要清醒地意识到这些都是阻碍经济发展的势力。

重新分配限制和妨碍了经济增长所带来的益处。上个世纪有一个很好的例子足以给人类深刻的教训：法制健全的自由市场才是提高人类生活水准的有效途径。美国是成功的范例，俄罗斯却成为失败的典型。投资者认为最重要的是政府干预变小，美国市场运行得更好。因此，随着国内生产总值（GDP）中政府支出数额的减少，税率比 1970 年大大降低，管制也越来越轻松，经济及金融市场更加欣欣向荣。

股市晴雨表

经济繁荣活跃的景象可以在股票交易所得到一定体现。股票行情即成为最好的经济晴雨表，是衡量美国经济发展健康与否以及美国将来财富创造能力强弱的标准。为什么如此说呢？因为股票交易所允许数以千万计的投资者根据每天的股市行情去预测未来经济的发展趋势（通过使用他们的钱），因此，比起以前只是个人预测而言，我们现在更加有预见性。

下面的图描绘从 1920 年至今的道琼斯工业平均指数。从图中，可以看出美国财富就像火箭一样迅速增长。当我们看到曲线顶端时就不难理解为什么艾伦·格林斯潘在 1996 年 11 月称美国投资者行为是“无理性的行动”。

道琼斯工业平均指数——每年年底的值

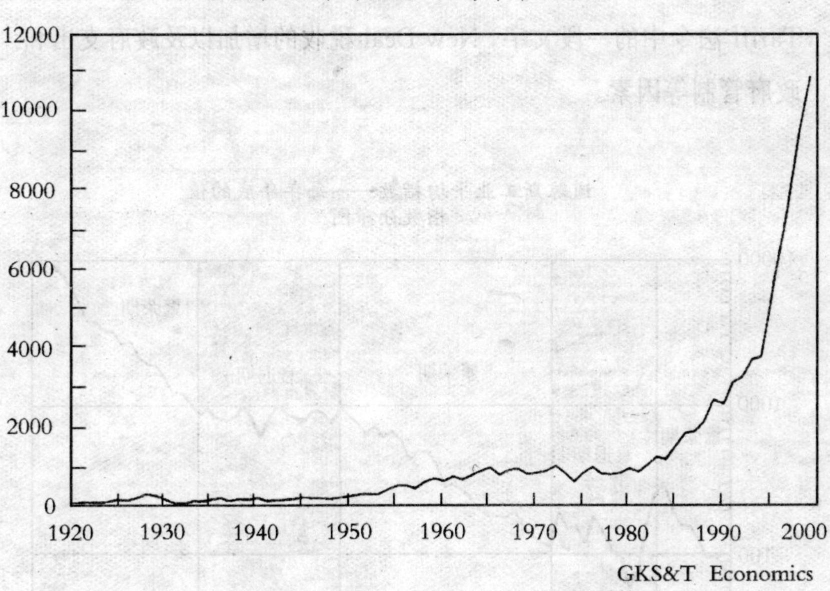

但是，这幅图易使人误解。从 100 到 200 移动的距离虽然很小但却与5 000移动到10 000具有相同的百分点的变化。Logarithmic Scales 解释这个问题说到，从第二幅图表中看出，当市场的发展变化可用对数来绘制，市场则看上去更加理性。它饶有意味地描述

了美国经济发展史：市场和经济在20世纪20年代开始兴旺，30年代衰退；在1941年到1965年重新复苏，但在1965年到1982年又停滞不前。从1982年开始，经济和市场又开始重振雄风。

经济繁荣期和衰退期表明市场运行的失败往往出现在政府干预加强的时候。1929年和30年代早期的股票交易所受到阻碍和阻挫就是缘于错误的通货紧缩的货币政策，包括：Smoot—Hawley Tariff 法令中的一段文字，New Deal 税收的增加以及政府支出和政府管制等因素。

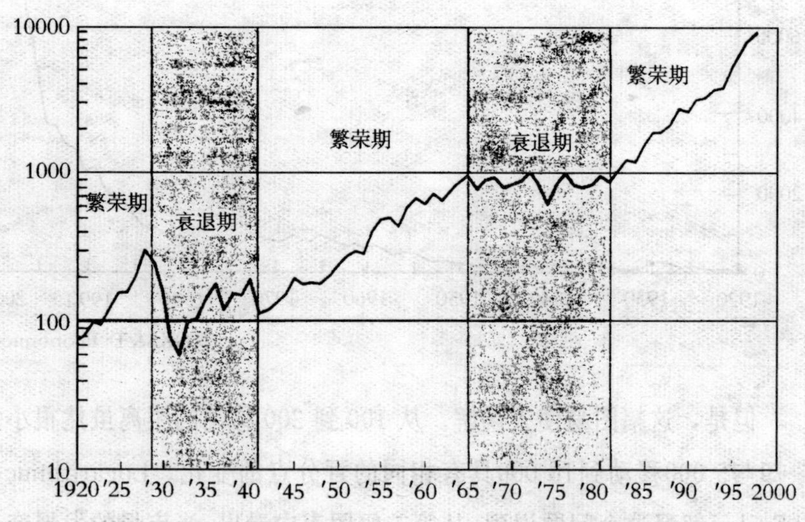

股票交易所运行的失败和1965年到1982年经济的停滞是和Lyndon Johnson的“the Great Society Program政策以及错误的通货膨胀的货币政策联系在一起的。美国股票交易所运作的历史表明重新分配和政府政策的失误损害财富创造进程。

所以不用奇怪为何自1982年以来市场又重新活跃起来。正如克林顿总统在1996年所说那样：“大政府主义的时代已经结束。”这种预测可以帮助投资者决定未来几年的投资力度和方向。本书中第一部分将阐述的五大基本趋势，标志着繁荣时期的到来。只要美国政府能够避免重犯以前的错误，那么悲观主义的理论就肯定是行不通。

从新时代获益

这本书的第二部分集中讲述如何准备你的资产从新经济时代获益和如何能够识别对经济繁荣造成潜在威胁的要素。新时代不会迅速结束，除非保护主义加强，(可以理解为不断增强政府干预经济的势力或通货紧缩、通货膨胀的急剧上升阻碍财富创造的过程。意识到这些因素的发展状况，且在它们发挥阻碍作用之前扼制它们，是保护财富的关键。

因此，写这本书目的是向大家展示新时代的架构和能够从新时代获益的决策。创办一家新公司，投资教育或你自己熟悉的行业常常可以创造出比投资股票多得多的财富。新时代倡导冒险精神和创新精神，而不要维持现状，停滞不前。

第三部分，在五大基本趋势的基础上进一步阐述投资的决策。详细、具体分析你如何才能从新时代获利。要投资于理念，而不要投资于商品；思考得要干练而不要太多太分散，要谨记一则规律：机警而富有生气要比静止不动和一成不变强得多。

如果你能花费时间弄明白为什么新时代会到来，你就会明白为什么她不可避免，且将继续存在。

接下来我要说的是：虽然在财富的新时代有成功者，也有失败者，但可以肯定地回答，成功者是居多的。若读者理解和接受本书中的内容、思想和框架，那么，你的未来将会如你所期望的光明灿烂。

本书框架叙述了一些简单的决策，可以帮助你在未来几十年中创造巨大的个人财富：

1. 公平是绝对必要的。

2. 无须担心投资证券业的风险，哪怕是在今天看来是低收成的举措。

3. 要储蓄，不要负债，赎回抵押品。通货紧缩是新时代存在的客观现实。

4. 要相信发现新事物的天赋。充满活力的经济可以提供更多的机会，并具有多样性。也要相信市场和它的许多种形式。最后，务必保持乐观向上的态度。

未来就是由许多个问号组成的，但可被理解和预测的稳固框架将会减少许多不确定的因素。通过充实你投资方面的知识则可以保证更好的投资结果。毕竟，即使是垒球场上全垒打天才 Mark Mc Gwire 和 Sammy Sosa，也得要经常练习击打。没有从基础着手开始准备，成功将得不到保证。

第一部分

在新时代获益的框架

第一章

科技革命

科技是在新时代赢得利润的关键。由定义可知，科技和创新来源于理念，而理念却创造财富。概念也是和理念一样简单而神奇。从整个历史来看，人类生存条件的提高也是十分缓慢的过程。经历了从为衣食忙碌奔劳到今天非常舒适的生活这样一段长期历程。虽然其间会有后退，有时持续几百年，但财富创造和经济增长的主要趋势还是在上升。人类生存条件持续着向前进步以寻求更好的生活方式，经济就是研究这个过程的。实际上，20 世纪最著名的经济学家之一 Ludwig Von Mises，撰写了一本名为《人类的行为》的书，他描述人类是如何活动让自己在世界中更舒适地生存。那些活动被 Mise 称为有企业家性质，而林肯则定义为天才的智慧。不论这些到底是什么，都将促使人类寻找产品新的生产过程，使用更少的资源，具有更高的生产效率。通过提供更多的更丰富的物质产品和更低廉的服务，经济创造了自己的财富。经济学家用所知的各种方法来计算这种产出和财富，但最广为使用的衡量标准是国内生产总值(GDP)，它包括一个国家全部产品和服务的产出，因此，这是涵盖能够现实取得的最广的经济生产值。

古往今来，当任何一国提高它的GDP，它也必将增加生产的份额，这样可以贮存物品以备未来之需。在只能勉强度日的年代，没有什么剩余物资以备未来之需。当人们找到运用更少资源生产更多物品的方法时，积蓄成为可能。剩下的谷物被屯积，空闲的时间出现，让人们有时间去建造和改进住所或发明创新，开创新的服务领域，这些新的发明和进步都使我们生活得更轻松、更安全、更舒适。

反过来，更先进的发明又帮助人类留下更多的空余时间去做更多的研究，使人类生活标准又进一步提高。最后，我们发觉资源太丰富了，我们有充分的时间从事休闲活动，越来越多的人拥有自己喜欢的活动：如体育、音乐、艺术、戏剧等。起初只有富人才有条件享受它们，但渐渐地，人数变得愈发地多，直至所有人都可以享受它们。

当资源理念和潜能增值变多，经济体制就会要求设立协会和召开会议促进上述过程的发展。其中，最重要的革新措施之一就是货币政策的改革和金融体系的创新，使得货币能够流向最需要它的地方。金融市场允许利润的获取来源于许多其他领域的财富创造，从投资农场到投向于洗衣机制造业，又从洗衣机制业换向到投资计算机更新换代。本质上，货币就是促进商业大机器内部齿轮合谐运转的润滑油。如果没有创新和人类的努力，货币则毫无价值。

协会和会议包含的内容极其广泛，如股票和证券市场、信用证、银行、金融公司、养老基金和互惠基金。这一系列的协会和会议允许个人把不用于基本生存的资金投向未来可以增加产出的领域。成功贯彻投资储蓄于能够盈利的行业的思想，是我们获利的奋斗基础。资本积累对于财富创造来讲是必不可少的，而有活力的经济则可以迅速积累资本。

在上述方面，美国有令人信服的成就。除去1991年，自从1982年，美国国内生产总值（GDP）逐年递增。更值得一提的是，经济的增长并没有伴随着通货膨胀率的上升，所以这段时间是自工业革命以来历时最长的无通货膨胀的经济发展时期。同时，美国股票交易量增加12倍，几乎全球的资本都涌向美国市场。

新理念尤其是科技，是美国经济奇迹的实质。可以预见，即使地球上每一位公民都能接触到科学技术，美国依旧是科技腾飞的中心，原因有二：第一点，美国至始至终注重限制政府对经济的干预。这并不意味着美国已完全成功或我国政府部门权力很小，只是同世界上其他国家相比而言。从20世纪80年代早期以来，美国政府对企业的干预就已经大大减少了。

第二点，美国经济的迅猛发展使得人们越来越崇拜个人自由，这样，美国成为惟一适应科技繁荣的国家。亚伯拉罕·林肯在他1859年2月的演说中，诠释了这一点（在序言中我也分析过此），林肯本能地发现：理念是世界上最强有力的事物，而且，把理念用于产品生产是非常复杂困难的过程。

人类历史上令人称绝的创造力已经有几千年的记录，这当然不仅仅是美国人的特性，但是美国宪法中自由和市场的定位增强了扩大创新的力度。实际上，读者可以这样认为：美国国度就是自身能力创造的结果，是自由精神创造了美国，才使得美国能够有空间进行革新和缔造繁荣。但是，经过几千年，我们才能取得和享受今天如此丰富的物质资源。

慢慢地，间歇地，理念创造出更具生产能力的世界，伴随着的是更高的生活水准。在 Davids Landes 1998 年的著作《The Wealth and Poverty of Nations》中，他追述了许多在不同经济时期改善人们生活的发明。根据 Landes 的作品，中世纪充满诸多重要发明——水车（10～11 世纪）、眼镜（13 世纪晚期）、机械表（13 世纪 70 年代）、印刷术（1452～1455）、火药（16 世纪在英国提炼出）。每一样发明都极大地提高世界生产力和生产效率，眼镜延长手艺人的工作寿命，印刷术扩大知识和理念的传播范围。正如 Landes 所说："生产力的真正理解是时钟的副产品。"

每一项发明又都促进了更深层次的发明。很明显，生产力加快理念前进的步伐已经走过了悠悠千载。准确地讲，正是知识创造着新的知识。生产力的提高可以释放资源的能量用于未来社会的进步，一旦维持生计不成难题，社会剩余财富就可投资于未来的生产。只要开始投资于崭新理念，人类则等同于给自己开设了一门新课程。在课堂上，大家学习如何创造财富。对于这门课，似乎甚少有人了解和预测。

中世纪结束后，工业时代开始登上历史舞台。1705 年 Thomas Newcomen 在英国发明蒸汽机。直到 60 多年以后，詹姆斯·瓦特才发明单汽缸蒸汽发动机，才把它用于户外采掘业，又用了 15 年才“使蒸汽发动机旋转运行，因此而可以推动工业的车轮”1884 年，Charles A. Parsons 通过发明蒸汽涡轮机，再次提高了蒸汽发动机的效率和马力。而每一次改进和创新的过程都需要时间；总的来说，蒸汽发动机的发展经历了整整 200 年。

在同一时代，当 Abraham Darby 第一次成功地从矿石中提炼出铁炭，实际上熔铁术和钢制品就已经从 1709 年开始了。但直到 1856 年，Henry Bessemer 才发明了制造便宜钢材的方法。直到那时，钢材的应用范围才拓展到小件物品上。19 世纪后半期，钢材最终被用于铺设铁轨和制造船舶。同时，以动力驱动的机器开始在纺纱业中的应用得以推广，却出人意料地大量提高纺织品的产量和生产力。

就像 Landes 写道：“所有这些用机器的发明去建造新机器的伟大成就，都出现在 18 世纪后 40 年中——一个充满新颖事物的年代。”这个“充满新颖事物的年代”可在经济数据中得到考证。大约在 1760 至 1770 年间开始，经济历史学家可以给我们展示一个清晰的经济增长和生活水准提高的数据图。这完全和我们所知的英国工业革命（1770～1870）重合在一起。有趣的是，当一个繁荣时期结束，另一个又即将开始。

1859年，亚伯拉罕·林肯的任职期内，正处于一个伟大工业时代的薄暮时期和一个更伟大的创新时代的开始。他惊异于人类已经创造的物质财富，而且乐观地相信明天会更美好。毫无疑问，他是正确的。工业革命随即爆发在美国。但是，在工业革命开始之前，美国就已经凭其经济的迅速增长震撼了全世界。Landes认为：“最近的一项制造业生产力的比较说明，美国在1820年已经远远超过英国。”在19世纪以前，……美国工厂付给工人的工资就比英国要高”，而且“工作时间长，但比同时期日本工厂工人运作的时间短。”

那美国是如何在经济发展中取得领先地位的呢？答案并不惟一。美国自身发展起来的竞争文化使其能够摆脱大地主和农民的束缚，而在欧洲这种束缚却不易打破。近几百年欧洲体制及其在此基础上既得利益集团的加强不允许它改变太快，所以企业家精神在欧洲受到压制。在美国，不但鼓励这类企业家精神，而且竞争得日趋激烈，既得利益集团将很快受到破坏。

自工业革命开始在美国逐渐兴旺，财富创造的步伐确实在加速前行。19世纪30年代，铁路的长度可以用百米来测量，而到了50年代则不得不用千米来做度量衡。这原因很简单，便宜的钢材增加了铁路铺设的长度，到1916年截止，美国铁路总长为254 000千米。

前后的时间里，电力、发动机、电报、电话，汽车都相继出现。巨大的变化对美国经济的每一层面都产生深远而巨大的影响。

Landes 引用 1900 年 7 月份《Scientific American》中的一句话："确实，今天的农场很少需要人去做什么事情，已取得专利权机器的发明代替大多数人力干的活。"那些专利以及它们促使社会变化的强大推动力正是林肯于 1859 年形容的财富创造的关键部分。

美国工业革命带来无通货膨胀式的经济繁荣，并且维持了 40 年之久。在 1869 年到 1911 年间，美国国内生产总值（扣除通货膨胀后）平均每年增长 4 个百分点，而消费者价格指数每年递减 0.6 个百分点。这种通货紧缩式的繁荣使美国生活水准迅速提高，股票价格如火箭般飞冲直上，美国成为世界上最强的经济大国。

蒸蒸日上的发达景象反映出美国式自由市场的资本主义上升，"到 1913 年，美国经济产出是英国或德国的 2.5 倍，法国的 4 倍；若按人均计算，美国的 GDP 超过英国的 20%，法国的 77%，德国的 86%。"本阶段的财富创造，使得不仅仅富人，哪怕是普通人，都能够享受到各种各样的消费品，甚至个别消费品在几年前还只出现过在他们的梦中。

信息时代

今日的美国，走在前列，正昂首与世界其他各国走在经济改革的征途中，而且，再一次被推向能够提高生活水准的科技和生产力的浪尖上。信息革命迥异于工业革命，因为它已产生更加广泛的影响力，更能快速提高世界的财富“产量”。

从历史的资料中得知，世界变化的频率其实一直都是在加速。但是，信息时代的变化是超越以前所有历史的，今天它对我们的影响随处可见：不能适应新时代的旧经济模式正在被打破；竞争成倍增加；世界显得越发得小；机会却越来越多。记住，熟悉上述趋势对我们寻求财富，进行创造是十分重要的，更不要低估高科技实现的增长力量。

虽然最近互联网的激增看似一夜间发展起来，其实信息经济的到来已经走过了很长一段路。正如 George Gilder 在他预言的 1989 年 Microcosm 书中写道：“（信息时代的）种子早在 1959 年 Pasadena 的加利福尼亚科技学院就播下了。”在学院里，Carver Mead 做了许多试验却未能完善未经加工的芯片前身。但是通过钻研 Gilder 称作的微观世界，Mead 对大型电脑的中央处理器和未来个人计算机的深刻领悟，超过任何一位前人。就如同 Mead 所述，IT 行业陷入一个进退两难的境地：“IT 行业急需大笔资金投入超大型机器和大规模软件程序设计，可是目前 IT 行业所能做的就是使用新的微电子管，因为它适合正在使用的系统……”经过他的努力研究，“Mead 预见在 1968 年——实际上三年后才实现——芯片技术的长足进步帮助人们花几个美元就可以购置。”

1968 年中，Mead 还说到：“电脑带给我们很大震撼。我们所需要的也就是大家所喜欢的汽车、电话、打字机的系统模式——这才是现在人们花费大量时间研究的东西……"Mead 预测到"新技术将使小型电脑的出现成为可能，如同当年汽车一样'载给'人们巨大力量，这种力量，比它带给学院和熟练程序设计员的影响还要大，如同当年大型电脑的中央处理器一般带给人们强烈的震撼"。

Carver Mead 早在科技之花开遍全球之前就已经预言什么事将发生在信息时代。他曾动议 Gordon Moore——Intel 的创始人之一——准备进入个人计算机时代。开始，Moore 和他的同事们反对 Mead 的意见。相反着重开发大型计算机的市场。到最后，Intel 终于改变原有策略，完全体现 Mead 的"小比大好"的思想。1971 年 11 月，Intel 宣布成功地发展微处理器——实质上是计算机中的芯片——并把这一事件作为进入"集成电子新时代"的开端。从那儿以来，Intel 主导了整个芯片市场。

更重要的是，在微处理器发展的早期，Gordon Moore 发现了著名的"Moore Law"，这个定律主要陈述为每隔 18 个月计算机芯片的价格就会减半或速度增加一倍。Moore 分析此番的更新换代速度到 80 年代将逐渐减少，而事实却恰恰相反，中央处理器的容量和价格仍继续朝着 Moore 发现的定律方向发展。到 1998 年，芯片价格已经降至 1980 年价格的 1%。如果汽车价格也沿着类似的轨道前进，那么一辆在 1980 年为20 000美元的汽车在今天只值 200 美元。

芯片价格的下降极大地促进经济上强有力的增长势头，这在历史上是罕见的。机器更快而且更可靠，提高了全世界各工业领域的生产力。从CAD/CAM到库存管理和付款台的扫描器，经济经历着巨大的变化，并且本次革命降低了生产成本，提高了工人工资。

尽管我们的生活水准已有显著提高，并且计算机在此过程中发挥出令人瞩目的作用，但对于如上的观点仍然有反对者。例如《华尔街时报》的记者，Bob Davis，在1999年1月写道："个人计算机并没有促进任何有深远影响的生产力的提高。相反，自1973年以来，生产力增长的速度大大下降。众所周知，这段时期恰好就是个人计算机被发明研制出来的时间。"

这种悲观的论调是对经济发展诸多反应中具有代表性的一种，但却大错特错了。我们正生活在一个"增值利润"的年代，它比过去30年或历史上可能的任一时刻都更加能促进经济腾飞和更加迅速地提高生活质量。那些悲观者继续以60多年前建立的老经济模式去观察世界，但更加困扰他们的一个事实是：经济增长在加速，而通货膨胀率在下降。几乎和现在的每一种经济学理论相悖。大多数经济学课程教给我们经济增长是有一定限度的"。例如，"利润递减规律"指的就是"当其他条件恒定不变时，如果额外的生产要素被投入使用，那么每单元生产要素的产量最终是下降的"。通俗地说，这条定律可形象而简单解释为当汽车在高速公路上行驶，车流量就会减少或出现交通堵塞现象。利润递减定律的分枝理论“菲利普曲线”阐述的是当失业率下降到一定水平时，通货膨胀率就会上升。

但是，计算机和电信行业的飞越发展行将打破所有上述珍贵的理论。计算能力和速度正遵循着 Moore 的定律渐进向前推进，整个世界如同一张纵横交错的网联系在一起。传真机，无绳电话、互联网突飞猛进的发展。当使用它们的人数增加时，它们的价值不是在贬值，而是在升值。实质上，信息高速公路的速度更快、价值则更高。正因为越来越多的人和企业享用它。我们正试图建立“网络经济”，而这却彻底违背了许多长时间我们所深信不疑的经济原则。

网络经济降低信息成本的同时也提高了信息含量。正如 John Browning 和 Spencer Reiss 在《在线杂志》中指出，第一台传真机的发明几乎毫无价值（即使许多人殚精竭力地创造它），原因很简单；无法用传真方式传输信息给其他传真机。可是，第二台传真机就有些价值，且为第一台传真机也增加不少价值。自此以后，每一台新加入全球传真机网络系统的传真机不仅增加了第一台传真机的价值，而且也增加了全部传真机网络系统的价值。

圣德菲学院的一位经济学家，当代“增值利润”理论的先驱者，Brian Arthur 分析道：“企业生产更多的高科技产品，不仅仅企业成本会下降而且人们使用高科技产品后获得的利益也会增加。”生产某种产品的成本下降而价值含量却增加，这即是生产力提高的释义。为此，利润递减定律应被踢出历史舞台，或者说，利润递减定律并不是被废除而且被取代。如今，“利润递增定律才是正确的经济理论。如同凯文·凯勒在他的必读本《新经济新规则》中提到，“随着网络成员的增加，网络经济将开始增值。相对应的，价值的猛增又会吸引更多的人加入。”

想想看，若世界上只有3台传真机，可以成功地通过6种方式传输信息；若我们增加3台，把传真机数量增至为6，我们将取得超过上述倍数的联系，共为30种；若增至9台，则为72种；如果在此基础上再增加一倍为18台传真机，那么就可能有306种备选的联系方法。可以断定，传真机之间相互联系方法数目的增长速度比新加入网络系统的传真机台数增长的速度快得多。传真机相互联系的计算公式为N×(N−1)，因此每一个新增进网络系统的成员（N）都大大提高了网络系统的价值。

上述过程给经济学家带来了一个有趣的难题，特别是那些埋头于旧式工业时代经济理论的经济学家。工业时代记录的经济数据不能计量出任何一个新时代中网络系统的增加价值。即使我们把来自于联邦储备会议、世界银行、国际货币基金组织、统计局和商业局的所有经济学家会聚一堂，不限制他们时间，让他们测算传真机这一网络系统的生产力，他们可能都无法做到。简单讲，网络系统的价值根植于整个经济体系中，因此是不能从中剥离的。共享信息速率的加快以及共享信息成本的大幅下降增加了我们计算的难度，使得我们无从下手。

但是，在经济的某些领域，是有可能准确地计算出生产力增长值的。例如，在耐用品制造业中，我们可以测出花费多少小时生产一辆汽车或其他产品。因此可以将计算出的相对准确的生产力和过去相比较。由下图中得知，当前恢复时期，耐用品制造业生产力的增长是以往自第二次世界大战以来八个恢复期平均增长速度的两倍。事实上，现今生产力的增长甚至比工业革命时期还要迅速。

耐用商品制造业生产力提高平均每年变化的百分比

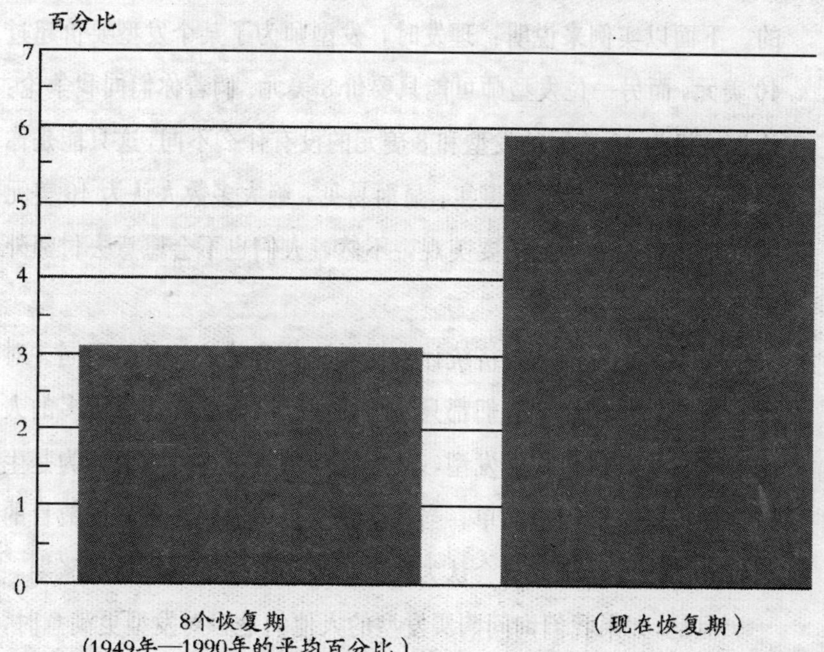

生产力的提高既有明显的原因，也有不明显的原因。首先，计算机控制的机器人流水作业系统已经到来。这些工业机器人承担普通的工作，并把它们机械化，使之工作得更快，失误率更低。其次，不明显的原因是浪费的急剧减少。零库存管理系统，计算机支持下的质量管理、计算机负责的库存和控制生产计划的程序，所有这些都对生产力的提高起到促进作用。

值得揣摩的是，生产力概念变得越来越模糊。当我们稍微偏离耐用品制造业，如服务业，计算出他们领域的生产力是不可能的。下面以实例来说明：理发时，发型师为了某个发型要价超过40美元，而另一位发型师可能只要价8美元。倘若你们同我争论：认为价格为40美元的发型和8美元的没有什么不同，这只能是你们自己的观点，却不是事实。显而易见，绝大多数人认为40美元的发型比价值8美元的要美观，不然，人们也不会愿意去付额外的钱。

很不幸，标准的经济统计数据无法分清楚这二者的不同。对于政府统计员来说，它们都只是理发而已。因此，如果更多的人愿意支付更高的价格做发型，政府统计员将把这种现象认为是生产力的下降。原因很简单，当社会花费更多的钱去做相同数目的发型，那么政府统计员会认为我们正经历着理发的通货膨胀期。

但是，如果我们询问购买发型的人他们是否对发型更满意时，回答是肯定的，否则他们也不会心甘情愿多花钱。因此增加理发的费用丝毫不意味着通货膨胀。事实上，随着社会越来越富有，消费者开始趋向于更高质量的购买，如此，就必然出现价格上升的现象。但另一方面，购买的质量更佳，满意度更高。质量和满意度的上升即是生产力提高的释义。但是，如果通货膨胀发生，价值为8美元的发型增至20美元，那么人们将支付更高的价格购买相同的服务。这并不使满意度增加，相反，预示着通货膨胀的上升。讲了这么多，我们不难看出测量生产力关键依赖于人们是否花费更多的金钱得到更好质量的产品或人们是否花费更多的金钱购买相同质量的产品。显然，要准确回答这个问题是不可能一下说清楚的。因此，政府采取了以下最好的措施——它假定在各个经济服务领域的生产力增长都是零增长，所以当人们为一种产品或服务支付更高价格时，那么通货膨胀就出现了。

另一个颇具说服力的例子就是电影。现在的电影比以往更具有特殊的影响力，因此，也比以前花费更多的资金去拍一部电影。这样引发出另一个问题，高额的电影票价是意味着通货膨胀还是暗示这些电影质量更高？提出这个修辞性问题是为指明一点：测量经济活动的运行是非常困难的，尤其是在服务领域。这也正是为什么人们很难理解决策者、经济学家、新闻工作者和市场营销学者作出的生产力未得到提高的论断的原因。当政府假定大多数服务业领域的生产力增长为零时，那些数据并不真正具有权威性。

尽管在测量服务业领域的生产力方面存在种种困难，不可否认的是，它的生产力明显是在提高。首先让我们阅浏有趣而通俗的证据，例如，在最近刊登在《商业周刊》的文章中报道1998年

Amazon.com 平均每个雇员销售额为375 000美元，而巴诺书店平均每个雇员的销售额仅为100 000美元。不用说，Amazon.com 拥有更高的生产力。近几年，新时代的配送系统已经使书籍配送业的生产力每年至少提高 50%。而不幸的是，我们的联邦数据统计员完全忽视了这个事实，而且经济学家在无休止的争论年生产力是提高了 1.5%还是 1.9%。他们没有给任何行业恩惠，投资者将会更好地从事自己的事业，如果忽视以上争论，倘若任何一个人试图让你相信计算机没有提高生产力，那么他就是彻头彻尾的傻瓜。

我们都知道生产力的提高是因为网络系统的价值含量在上升。尽管计算机、蜂窝式无线通讯电话、卫星通讯系统、互联网和电话等通讯费用都在大幅下降，它们的价值含量却在上升。这种现象的出现原因有二：第一，当网络系统再扩充时，它比以前更有价值；第二，因为加入网络系统的价格下降，需求更在增加。这种自我加强的趋势还处于发展的早期阶段。每天网络系统的价值都在上升，相应地，每天生产力也都在提高。

理解这个概念非常重要。世界上到处都是对新时代发展的悲观论调。信奉传统经济分析理论的人们极有可能错过网络时代生产力提高和可获得利益的绝佳机会。新时代的主题是生产力快速提高和由此引发的企业利润的连锁增加，个人工资的提升和产品价格的降低。这必然最终导致利率的下降和股票价格的上升。如果，假设悲观主义者是正确的，生产力并没有提高，那么利润将停止，通货膨胀将日趋严重。因此，股票价格将会下跌，利率会上升。这是两种截然不同的关于人类未来的观点。正确把握新时代及它的基本经济趋势的影响，决定了我们投资，能否获得丰富的利润。

尽管新时代中的巨额利润和无可厚非的事实展现出新时代经济的活力，但是许多经济学家仍然坚持旧时代的经济模型。以前曾提及的菲利普斯曲线就是这些经济模型中代表之一。此模型的含义可简单陈述如下：当失业率下降到一定水平时，工资水平开始上升。工资的上升引起生产者提高产品的价格，因而导致通货膨胀。高通货膨胀率又迫使工人需要更高工资。这种工资—价格螺旋式持续增长，迫使联邦储备局不得不提高利率而致使经济衰退，使得失业率上升，并重新回到菲利普斯曲线所描绘的那个平衡点。由此岂不推论出：经济降温后，经济增长才能持续?!

菲利普斯模型可在 Thomas Malthus (1766～1834) 的著作中找到它的影子。汤姆斯·马尔萨斯是一位著名的经济学家，他关于世界发展的观点总是十分悲观。实际上，他关于未来的看法是十足的杞人忧天。Malthus 认为人口的增长将超过人类生产食物的能力。他预测，当人口超过食物给时，疾病和饥饿会导致人口的缩减，直至缩减到它又可以自己维持食物供给，如是的过程循环往复。

1798 年，Molthus 发表了一篇名为《马尔萨斯人口理论》的论文。在文中他写道：

“当人口增长不受控制时，每25年人口将增加一倍，即人口增长是以几何基数递增，而生存资料的供给却是以算术的比例增加……以世界的任一人口的总数为例，例如10亿人口，人口是以1，2，4，8，16，32，64，128，256，512……以此类推的方式增长，那么生存资料则是以1，2，3，4，5，6，7，8，9，10……的方式递增。在225年内，最终人口增长的倍数和生存资料增长倍数的比达到512：10。”

虽然马尔萨斯的观点被证明是错误的，因为农业生产能够满足人口增长的要求和生命周期延长的客观现实。但是他悲观世界论继续渗透到各种经济模型中。尽管当今鲜有经济学家敢于表扬马尔萨斯，但他的许多观点被改头换面，以“全新”的面孔出现，使人们对于今天经济和政治的想法误入歧途。

环境保护运动就是这些观点中最突出的一个。许多人认为对我们生存环境的担忧是最近才出现的现象，实际上并非如此。甚至自从马尔萨斯以来，很多人就在考虑并担心经济增长带来的灾难。1972年，Club of Rome组织出版了一些研究材料，主要是关于世界经济的一个复杂的数学模型。他们的模型预测：“人口数目和工业发展将会出现突然性的不可控制的下降”，除非人们很快采取措施限制人口的增长。尤其特别的是，他们的模型表明在世纪末，世界将会用尽自然界给予我们的财富：铜、金、铅、水银、自然气、石油、锡、银和锌。另外，他们的计算结果表明到1999年，世界将不会有其他可耕种的土地。Club of Rome和其他一部分人将他们的信念建立在"……一个简单的事实上——地球是有限的"。不受控制的经济增长会不可避免地超过地球的极限，导致生态系统和经济的崩溃。他们认为当这些发生时世界是会知道的，因为"食物价格上涨如此之快以至于许多人都会因饥饿而死"。毫无疑问，Club of Rome 的观点是错误的，因为现实的情况与他们预言的恰恰相反：商品数量更加丰富，商品价格在下降，很少人因饥饿而死亡，而不是越来越多的人挣扎于贫困线。

因为以往经济学家预言的失败，造成今天对经济问题的预测更加稀少了。虽然，我们很少受到如此吓人的警告，像地球正在丧失平衡等。但我们确实听到一些关于经济增长会受到限制的理论。例如阿兰·格林斯潘在 1998 年 6 月美国国会前重申其联邦储备局成员的想法，他说："我仍然保留这种看法，经济增长将会受到限制，因为失业人口可获得工作的机会正在减少。"他继续分析说除非经济增长缓慢，否则我们可能会看到：一种压力，它迫使经济走出蓬勃发展的轨道。"经济学家作出的其他悲观性的警告——股市处于泡沫经济状态、消费者和企业影响力太大、工资开始的增长幅度令人难以置信——都属于经济理论中"限制性增长"理论范畴。怪不得经济学被许多人称作"忧郁经济学"。

但是，就如马尔萨斯和 Club of Rome 的观点都是错误的一样，当代悲观论科学家的观点也是错误的，当我们把马尔萨斯的许多观点和传真机的网络系统的例子进行比较时可以得到这样一个结论：

当代悲观论科学家只意识到一种静态的未来，在这个未来之中，资源最终将被耗尽。但我们要知道新时代是建立在利润递增的基础上，任何一个最新进入网络系统的产品都会创造出更多的价值而不是更少的价值。

到底哪个观点更接近于事实呢？经济发展中没有任何迹象表明它是受限制的。实际显示，生活水平，财富增长和机遇就如同他们持续了几千年一样，仍然继续在增长。林肯预测出这一景象，而且，对于相信“天才的智慧”和企业家精神的人来说，如果也能前瞻性地看到这一点，这是不奇怪的。理念更加刺激智慧的进步，只有人们被剥夺拥有理念的自由时，智慧才会被泯灭。今天，天才的智慧发展得如此之快，其速度是空前的，超过美国历史上任何一个时期。因此，当前人们的生活质量也正在阔步前行，逐步得以提高。在以后的几年中，世界乐观主义论将会比以往更加容易得到拥护。

是机器还是有生命活力的生态系统

悲观主义论调错误的根源在于他们继续沿用在工业时代建立的模型去分析当代的经济。他们把经济比作机器，认为经济和机器一样会因为过度使用而产生太多热量，需要停下来休息。从公正的角度来说,“经济就像一台机器”这个观点来源于美国的经济发展史：美国人民占领了大量的北美领土，建设了贯穿整个美利坚合众国的铁路线，发明了许多奇妙的物品，并且通过谋略巧妙地在两次世界大战中获益。正如 Thomas Hughes 在《American Genesis》书中写道：“在科技爆发的时代（1870～1970），努力和奋斗所特有性质就是发明，发展和组织大型科技系统……”

我们在这些方面努力的成功使得许多人相信我们自己能够控制经济就像亨利·福特控制汽车厂一样得心应手。通过调节税率、规章制度、政府补助金或改动利率，政府和联邦储备局能够防止“机器”破损。我们称这种经济管理模式为经济的“微调”。但 20 世纪 70 年代的现实表明此种经济政策根本不起作用。经济微调的最终结果是导致双倍的失业人口和通货膨胀率。

通过微调经济方式来促使宏观经济协调、稳定地发展是不可能的。原因非常简单，正如 Michael Rothschild 在他的书《生态学》中指出，资本主义经济最好被理解为一个有生命力的生态系统。”所以，资本主义经济并不像一台机器。机器的温度可被测量出，它的使用寿命可通过观察其他相类似机器推断得出；可是经济却无法有效地测量出品质来。事实告诉我们，如果统计学专家不能准确计算出通货膨胀率和现实的生产力，那么他们也就无法测算出经济增长的情况。因此，试图去管理一个不可被测量的系统，这才是灾难降临的根源。

令人感到万分遗憾的事情却是人们仍继续用微调的方式管理

经济。联邦储备局的经济学家们就是一些最著名的微调经济学者，从 1996 年至 1997 年，他们一直认为经济发展趋向过度膨胀，为此，也认为预先实施货币紧缩政策是很必要的。

他们是从两件事实得出上述论断的：第一，失业率很低；第二，高居不下的股票价格表明投资者人数是“令人难以置信的丰富”。联邦储备局的模型预测低失业率最终会引发工资和通货膨胀率的提高。同时，他们的模型也推断出人们过高估计股票交易所的地位，并认为股票交易所的瘫痪会影响到经济的发展。鉴于此，他们认为，以上事实证明政府干预经济是有必要的，且只有这样才能够使股票价格不会涨得太高，低失业率不会引起通货膨胀。

他们的观点，却并未将美国科技革新考虑进去。计算机已经改变了世界各个生产领域。生产力的高度发达使价格大幅下降，并进而促使工人工资增加。更重要的是科技的腾飞正在创造不计其数的有利机遇。其中最值得给予高度重视的是股票市场创造出的机会。今天的经济图景与 25 年前完全不一样，如果非要用 Fed 模型评价当前经济的质量将会是很不充分和极不全面的。

例如，20 年前，我们只能从图书馆的阅览柜、挨门兜售的推销员手中和零星小书店的货架上得到书本。而现在，巨型书店、在线书屋等许多书店的存在方便了我们用户。很明显，世界正在改变，试图用旧的模型去诠释它是不正确的。

当图书馆成为人们看书的主要来源时，售书业提供给社会的工作机会是有限的。当财富增加，消费者能够负担起购书的费用时，而不是等待借出还回图书馆书本的时候，书店则开始迅速增多。在20世纪80年代的早期，一家巨型书店Crown Books Inc.开张，并通过使用当时的科学技术大大降低书的价格。还记得在微缩胶片上按字母顺序排列的目录吗?虽然这不是实时的数据，但这个方法却比当时任何一个其他选择都既快又好。

今天，计算机可以帮助书店办得更大，巴诺拥有超过150 000本书。令人叫绝的是，由于计算机化的目录管理系统，他们知道每本书实时放在什么地方。同时，他们和发动组建了读书俱乐部，十分像我所记得的小时候的图书馆。但是，书店的发展并未停止不前。1994年，贝佐斯创建Amazon. com网站，售书业的发展脚步又向前跨出了一大步。实际上创新还在继续着。真实的书现在可以从Internet网下载到书本式的计算机里，这类计算机被设计用来将书转化成计算机文件，然后在屏幕上显示它们。

回顾上述事实的目的并不是告诉大家售书业的历史，而是想表明科技的力量和神奇，如何改变旧时代下图书馆的主导领域，而在新时代又如何以企业化的模式迅速膨胀发展。另外，这个简单的概述，这段简短的历史也说明旧时代建立的经济模型在新时代并不起作用。显而易见，每一个新企业都必须雇佣工人，而原来旧企业也会继续雇佣工人来营业，在新旧时代的企业同时存在的最初转型阶段，这种原因的存在使得失业率的降低比经济恢复期所引发的低失业率还要低得多。

古典凯恩斯经济模型直接认为失业率的下降将增加通货膨胀

率。因为，低的失业人口会导致工资的增加；但是在售书业中由于低成本售书系统的发明引起的失业人口数量的下降并没有引起通货膨胀。实际上，此类企业数量的激增原因正是他们可以凭借更低的价格提供相同的或更好的服务。

在这种情况下，很简单：低失业人口只会和价格下降相联系，而不会同价格上涨相关联。因此，菲利普斯曲线完全是错误的。实际上，低失业率和由此引发的高工资象征的是一个有活力的蓬勃发展的经济，并且这经济发展是通货紧缩型的，因为随着崭新的和更有效的生产、配送、出售过程的增加，生产力在迅速提高，价格却在下降。有趣味的是，人为提高工资却会对经济产生负面影响，而不能提高生产力和降低成本。例如，Crown Books 在提高工资的同时却没有能力提高生产力，最终致使其在 1998 年提出破产。旧时代的科技根本不可能战胜 Amazon. com 发展的计算机联网模式的企业。事实上，Crown Books 可能是第一家旧时代公司被真正的"亚马逊化"，这个短语被用作描述在新技术基础上发展起来的新企业模型是如何破坏那些不能与之抗衡的企业的。

由此可断言，把经济发展看作是机器运行的经济模型忽略了这些有生命力的变化，同时也低估了新经济创造财富的能力。对通货膨胀或过度的经济实力的担忧是不必要的。而且，如果试图采取微调方式调节经济的话，其结果只能是危害经济的发展。我们必须要有坚定的信念去相信市场，但记住，不是其他任何一个体系，只有自由市场才能赢得那种信念。在现实中，经济活动本身就能够自动处理好那些引起许多经济学家担心的问题。旧时代遗留下来的那些不能提高生产力的企业终将以破产而遭淘汰；新时代的企业则通过提高生产力来降低产品价格进而获得生存并发展壮大。每一个经济体系所表现出来的有生命力的巨大变化就是财富创造的自然过程。总而言之，经济运行不仅仅是自我更正的过程，同时，更似一个有生命力的生态系统，在从低级向高级方向发展着。

无限制的增加

虽然，已过去20年的创新给我们留下了深刻的印象，但若是拿它们和我们即将看到的未来的创新相比较时，就会显得黯然无光。几乎每一个工业领域都感受到巨大的压力，迫使着自己去改进革新。因此，每个工业领域也都会变得愈发地完善合理。当然，每次蜕变都必将伴随着痛苦。例如，商业部门在1999年6月发表的行业报告中预测，到2006年“几乎1/2美国工人被生产信息产品的技术工业或深入彻底地使用信息技术的工业雇佣”。在互联网上售物的销售总额（在1998年）大约是100亿美元，预测在2003年前将骤升至1 000亿美元；通过互联网企业间交易额（在1998年）为430亿美元，预期在2003年将达到1.3兆美元。”历史事实表明网上销售额的增长本质上是遵从指数方式递增的。又如，到1998年，Amazon. com开业四年，据报导其全部销售额为6.1亿美元。这差不多是1.5亿美元销售额的四倍。而沃尔玛则必须花费15年时间才能突破1.5亿美元的销售额。

Egg head Software在1998年早期关闭了它所有零售出口，并将业务转移到网上，大家猜猜结果如何？它的销售额在稳步增加，而这种变化仅刚刚开始。虽然零售出口不会消失。但依赖零售出口的销售额增长却越来越少。另一行当，包裹递送业企业数量一夜之间猛增，价格继续在下降，因为价格下降，需求将继续增加，随之而来的当然是生活水准的提高。

美国股票市场股价的攀升和互联网类股票价格的猛增显示出Web网的强大力量。机遇增多的同时，经济增长没有了限度。举例来说，在虚拟的互联网在线购物中心里，不需要排队付款，楼层空间也可以无限扩张。信息及其获取的数量成为今天真正有价值的商品，并且创新和经济增长的核心都是网络。每天每分钟共享的信息量不仅使中世纪人们获得的信息总量相形见绌，甚至比工业革命中期人们获得的信息还要多。信息量激增的主要原因是网络式经济允许信息可以不需任何成本地进行重复。当获取信息的成本下降，信息无疑将会迅速繁殖。因为信息是经济创新的DNA，它的繁殖切实保证了更多的创新，有了这样的保证，经济才能更加稳定。

不妨想像一下500年前，对于一个意大利人若想了解Guten

barg 印刷机。不仅需要信息通过几百里的口传，而且意大利人必须经过漫长旅行才能目睹一下机器的形状。在那时的年代，没有飞机、火车和汽车，也没有电话。因此旅行是危险耗时的事情。在工业大革命时期，假想一个欧洲企业家想多了解美国的生产技术，则必须横渡大西洋和经过长时间的火车旅行，一旦信息收集齐全，他又必须同样方法返程。虽然来回旅程的时间可能少于一年，而且肯定比 15 世纪从罗马旅行到维也纳要快，但如此获取信息的成本也未免太高了。

现在，相同信息的收集可以通过几小时的飞行来完成。倘若要更快捷，还可以用电话、电视会议或甚至通过精读一些网页，这些方式使得以前需要几年才能传播广泛的信息，几分钟就可以让人们共享。而且，当网络系统扩大，信息传递的价值和速度都会大幅度提高。

科学技术的膨胀发展

有一种估量新时代科技膨胀发展程度的新方法，就是关注商业杂志、周刊中登载高科技的报导和广告的页数。1977 年 9 月，商业周刊中大约只有 5%的页数刊登我们所定义的高科技内容；在 1987 年 9 月，页数已增至杂志的 20%；到 1997 年 9 月，页数迅速上涨到60%，而今天页数已接近整本杂志的75%。

新时代科技的膨胀发展在众多领域重新塑造我们的世界，以至于造成我们不可能一下子很全面地了解它们。只需要说，计算机和网络系统完全重新建立起经济发展的新模式就已经足够了。收音机和电视节目将通过网上传播，每一辆汽车都有与互联网相联系的设备，无线通讯电话立刻和台式个人电脑具有同样强大的影响力。经济效率继续提高，成本仍保持下降趋势。生产者和消费者之间的距离将会完全消失，关于硬商品信息的价值也将会继续上升。千万不要低估这些变化，这正是高科技板块股价上涨如此之猛的原因所在，而且它的上涨并不是无理性的价格膨胀。

科学技术的精巧使用可以在很大程度上影响产品的成本消耗，而我们仅处于使用它的初期阶段。航空企业就是一个很好的例子：在1995年，美国航空公司为了建立以旧金山为基地的维护总指挥部，投资近1 000万美元于计算机系统的建设。这些计算机是美国飞机维护信息系统（AMIS）的核心。最新一代喷气式飞机……包括从飞机上小型的感应装置的600个限制因素的数据……驾驶舱的飞行人员可以用放在膝上的计算机检查情况。

地面观察站跟踪关键飞机的飞行状态、飞行路线和空乘服务人员，并且履行关于维护趋势的分析职责，由此可在人力和部分存货中节约上百万美元。更重要的是，这种一直不断监测飞机飞行动态的技术保证了航空公司全体职员的安全，减少了无计划的空乘服务人员的缺少和昂贵的服务人员基础训练的费用。即使许多飞机已经老化且并不是所有的飞机都纳入此系统，美国每年仍要从此系统中节约下200万美元。这笔节约的资金不仅使航空公司成本下降，还使得公司利润增加。况且，当机票价格下降以及飞行的时间安排和安全性越来越得到人们的信赖时，一个正面信息反馈的循环体系是会引起人们对飞行需求的增加。

付款台扫描器在为零售商和制造商降低成本方面取得了和上述AMIS系统同样的成功。通过把制造商、仓库和零售商三者联系起来，扫描器和它收集的实时信息能够使库存标准低到配送链需要的所有水平。实时库存只在信息是实时的时候存在，而网络系统则能满足这个条件，使实时库存成为可能，并且考虑到网上购物情况的增多。为此，对于零售商来说，降低成本的重要性越来越突出，在互联网上销售物品可以使货物供应商保持极低的库存，立刻给消费者送账单，然后由消费者付款给供应者。我们可以对比一下两种销售方式的特点：互联网上售物供应者每一分美元资本都花在销售物品上；而对于零售商来讲，他必须支付仓库的钱和购买库存的资本。

尽管互联网正成为零售业的中间人，它还威胁其他工业领域的中间人。例如，由于互联网能够把数字化的音乐传送给消费者，越来越多的音乐家决定跳过唱片录制而直接进入网上传播他们的音乐。音乐行业中传统的特色正逐渐转向艺术家的方向，并慢慢远离录音棚。毕竟，赐予音乐自身价值的是音乐创造过程，而不是在CD盘上粘贴标签的过程。如果音乐制作者能够控制好与它的配合，那么相关销售物的价格也会大幅下降，而且可以同时有各种各样的种类供人们选择。

推动效率提高的无穷力量

互联网的高效率改变了世界上任何一个行业的运转。除零售业和股票交易外，互联网银行业也即将面世，网上教育也正方兴未艾。惟一阻止我们的就是带宽的局限。但每天我们都铺设了数以万计的光纤电缆，而且还将继续增加光纤电缆的长度。网络系统正在利用它自身的力量,共享我们所有计算机的计算运作能力，而且这种力量是无比巨大的。

许多丛书已经描述或即将描述科学技术的发展及它对商业的影响，但我写这本书并非此类范畴，相反，我是在试图表明今天的科学技术与以往是完全不一样的，经济发展模式正在变化，投资者必须谨记这个事实。新时代的财富取决于许多因素，但如果没有科学技术，它将不会存在。

第二章

全球化和经济效率

科技的进步使得整个世界越来越小。货币、信息和商品比以前任何一刻都要流动得快。全球化是一个基本趋势，它使资源的配置比以前更加有效。一个让我对这些发展所惊叹的例子就发生在1998年底，我和妻子在雪车上游览了加拿大的Lake Louise。我们住的旅馆有一个房间配有在线的电脑和游戏机。无论何时经过那儿都发觉越来越多的人在使用个人电脑，而不像以前那样在玩游戏。实质上，这种现象可归结为一个时代的象征，但此处提及它是为了另外一个目的。

旅馆的客人可以免费使用电脑并不令大家感到奇怪，真正使我们惊讶的是他们用计算机在做什么事情。仅有一次我进入那间屋子，坐在一位20多岁的加拿大人的旁边，目睹他正通过互联网在旅店里交易当天的美国股票。在我们简短的对话中，他询问我如何看待DELL的，并告诉我，他们每季的利润报告将会上升得十分快。

有部分人读完上述趣闻，或许会嘲笑地认为它证实了金融市场存在“泡沫”经济。这些悲观主义者回想起20世纪20年代时，哪怕擦鞋匠也在分发红利。另外，他们还认为这类年轻的交易者对市场是有危害的。终究，这些悲观主义者会说若股票价格下跌，那么他的操作会增加股票市场的反复无常。但是，这种悲观主义论调是错误的。

实际上，这则小故事是典型的新时代里发生的事情。国际界限被打破，资本以低成本方式快速流动，世界日日在变小，而各个国家的经济发展却渗透更加紧密。科学技术开辟了新兴的领域，创造了自由，这种自由在20年前仅能出现在梦里。这位年轻的加拿大人用自己的资产进行投票表决自己的看法，世界只是被动地在听他的观点。为什么会这样呢？因为资本权利和机遇是新时代的水源。在过去，无数的城市和许多国家都建立在水域的周围。就如芝加哥建在密西根河岸，旧金山坐落于海湾旁，伦敦位于大西洋沿海的港口、维也纳横卧在多瑙河河畔的原因。这些水路和港口、河套不仅风景优美，而且便于水路运输，由此降低成本贸易，降低了全球经济贸易的成本。

今天，我们这位年轻的加拿大朋友自由地将自己辛苦挣来的钱加进资本流中去，而且此资本流流向水位增高最快的湖泊之一——美国的高科技投资领域。像水流一样，资本总是向下流而不是向上流。“为什么要反方向流呢？这不是挺好。”水流和资本似乎在自言自语地说。资本向下流动的确切含义是资本流向它最能发挥效用的领域——流向那些税率低、管制少，风险和利润相对平衡的地方。另外，资本流动也是在寻找机会。一个有活力的、增长的、充满机遇的经济形势常常会吸引重要的资本去挖掘实现其潜能。美国已经发展成为这样一个希望的国度，而科技则是造成这种现象的原因。

但也不要歪曲上述内容的含义。世界上所有互联网上关于贸易的网址并不可能就使得世界经济强盛或财源滚滚。毕竟，俄罗斯和日本这两个国家都很容易靠近大型港口，但他们的经济却受到损害，仅因为它们没有很好地使用资本，尤其在当前资本很容易可以获得的时候，这真是世界一大遗憾。已过去的两百多年历史表明，在国家将资本投入到最需要它的地方时，经济形势就会好转并繁荣发展起来。这在如今还是十分适用的。在高科技时代，资本运动速度和它的变动性已经创造了一个全球性的经济大环境，这个经济环境对政策决定的变化是十分敏感的。

正如国内经济模式被打破一样，原有的那些描述全球经济发展的理论也不再正确。以前的资本流动没有现在那么快；重新分配的大型系统和需要支付的高额税收并没有减少一分竞争强度，同现在完全一样。然而，随着世界在因科技而变小，资本流动更加迅速，竞争的源泉越发地依赖于国外。今天，经济发展将会因其试图保护本国居民或公司免于竞争而受到惩罚。世界的经济效率将被迫提高，但受到保护的人们和公司则不再有动力去提高他们的竞争力。

联邦储备委员会主席阿兰·格林斯潘在 1998 年 4 月的演讲中指出，二战之后的几年里“经济发展大致上没有趋向于国际贸易，竞争也没有像今天一样因为低效率而很吃力”。他还谈到在今天的世界里任何一个具备大规模社会性、安全性的网络必须在“生活水准的不足量……或放松这个社会性、安全性网络……”进行选择。科技已经加快了交易的速度，打破了投资的界限，并允许全球范围的竞争。

即使一些企业曾经在小型市场或地理的适当区域有过垄断权，现在也面临着残酷的竞争。网络型经济到达的空间是无限的。例如，德国的牙齿制造厂，它们的生产曾经可以垄断半径为 100 英里的地域，现在却面临着世界各地的竞争。现在牙科医生可以通过网上传递图片或快递模子给制造商，然后用电子货币或信用卡支付货款。这样使得那些认为可以不参加竞争的牙齿制造厂现在也不得不面临全球竞争。

以前，当一家企业和那些只需支付低税赋，面临宽松管制的国外竞争者竞争时，它根本无需竞争就会被打败。原因很简单，跨国企业和政府领导者对国际竞争最先的反应是政府制定政策，来干预经济，阻碍竞争。这种保护经常以关税的形式或完全禁止进口的形式出现；另一个行政上的反应是允许竞争的存在，但必须保证任何一个失业工人的利益。无论是哪种方法政府都没有解决最先的问题（例如高税收），而且也没有从实质上改变原来的低效率，最终结果是形成一个没有活力的经济，使得经济不能吸引国外或国内投资，这很有可能出现贸易剩余现象。

有趣的是，网络型经济创造出的超竞争环境把这些压力暴露无遗，而不仅仅作为理论的形式出现。但所有这些压力并非一夜之间得到加强，它们至少经过20年的时间才出现。1989年，George Gilder叙述了此过程。

即使能够理解信息技术特性的观察者经常也不能理解透它对国际经济的根本性影响。原材料价值的下降需要同等地域差异的下降。当一个时代的人们能够将新世界刻在一抔沙土中，那么特殊的地区将迅速消失它在经济发展中的重要作用。

不仅地下的自然资源的价值迅速下降，而且地面上企业和资本流动也在加速。资本流动不再局限于机器和场所、国家和管辖权内。资本市场扩展到全球性市场范围，并且一天24小时都可流动。人们——科学家、工人和企业家——可以坐“747”或是“协和式”去目的地。公司可以在几星期内迁移。……地理空间对经济的影响越来越小。是人们和理念对经济的发展起作用，而不是场所和事物。正像大多数经济学家认为的那样，在国际交换中，商品流动在前，资本流动随后，为了弥补贸易的不平衡。但是在经济飞越发展的时代，资本市场比商品市场有效得多，因为商品市场要受到运输费用、文化差异和保护主义的阻碍。因此现在，常常是资本流动在前，而商品流动随后。

以上想法看上去既清晰又明确，但许多经济学家和理论家仍无法理解。贸易逆差现象干扰了人们对许多经济模型的理解。如有一些经济学家认为，贸易逆差上升是经济萧条的象征，反之当贸易逆差下降时，则是经济繁荣的象征。清谈节目主持人兼永久共和党员总统候选人 Patrick Buchanam，就是上述理论的支持者之一。但他们都忽略了一个问题，在今天资本起主导作用的时期，只有吸引到资本才能在经济竞争中取胜。虽然美国贸易逆差在 1998 年升至 300 亿美元，但在国外证券市场活动的庞大规模完全弥补了这个贸易逆差额。1998 年的数据还未公布出来，但 1997 年国外购买和销售美国证券已达到 13 万亿美元，自从 1980 年以来增加了 64 倍。由此不难看出，金融交易的规模远比贸易规模要大得多，所以集中于贸易逆差的理论忽略了这个至关重要的一点。

在工业革命时期，美国一直就处于贸易逆差状态。实际上，在 1790 年至 1900 年这 110 年中美国有 72 年在和世界其他国家进行交换贸易时处于贸易逆差状态。在那时的年代，美国大量吸收世界各国投资者的投资，并利用这些资源购买进口商品、服务和机器，因此贸易逆差存在的同时美国经济的增长率却远远高于世界上其他国家。同样的事情发生在今天，美国正带领着世界进行高科技创新，并且吸引那些能刺激创新火花的资本。同时，美国制造的设备出口海外并以更低的价格出口转内销到国内。

人们之中始终流行着一个信念：美国国内就业机会将因工厂移到海外去而不断减少。结果却恰恰相反，美国 1998 年失业率是自 1969 年以来最低的。进口商品花去的美元通过投资又回笼国内，不断循环下去。资本的流入必须等同于贸易逆差——毕竟，这两个数额要平衡。资本的流入和投资创造了新的工作机会，而越来越便宜的进口商品的价值使得工资的相对值又提高了。

而且，要不是对贸易逆差现象的担心，一些经济学家也不会整夜担心资本流入将会停止。即使存在贸易逆差，这种疑虑也是毫无凭据的。根据国际学院为在瑞士建立的管理发展机构出版的书《世界竞争分析年报（WCY）》，美国在过去五年里是世界上最具竞争力的国家。

WCY 中测量国家经济发展成功与否的标准是看这个国家能否提供“一个可支持企业充分竞争的经济环境”。它用两种类型的数据去获取定量和定性的信息——172 个不同方面的难懂的标准和从4 314位商业主管返回的含有 87 项内容的调查问卷。这些数据被分成八种类别或被概括成八种影响国家竞争力的因素。这些因素包括：国家经济发展状况、国际化程度、政府作用、金融体系、基础设施、管理、科学和技术以及人力资源。

从 WCY 中得悉，虽然美国在过去 5 年里一直是世界上最具竞争力的国家，但是德国和日本的国家竞争力在下降。在 46 个国家里，德国由 1994 年第 6 位下降到 1998 年第 14 位；日本由 1994 年第 3 位下降到 1998 年的第 15 位。有意思的是，日本和德国都是贸易顺差国。这些顺差额表明日本和德国国内经济的衰退并缺乏有吸引力的投资机会，所以日本和德国国家竞争力的减弱就不令人奇怪和纳闷了。

例如，到 1999 年 4 月份、日本个人税收是总收入的 63%，企业税率超过利润的50%。在这些税收的基础之上，日本还有5%的增值税，同时日本在过去的9年里政府开支增加近1万亿美元。为了加快其经济发展步伐，日本现在处于预算赤字，且赤字额可能超过其GDP的10%，甚至比美国20世纪80年代中期的预算赤字还要大。公正地说，日本在1999年4月已经开始大幅度减轻个人税收和企业税收，但对增值税仍没有做变动，而且人们担心减税措施只是暂时的。

德国情况则更加糟糕。德国最高工资税率的53%，另外在交工资税收时还得支付5.5%的额外经费用于东西德统一。德国的部分居民是官方认可的教会成员，在他们交纳8%或9%的联邦税收时还要支付额外费用作为什一税，然后由政府将什一税转交给教会使用。另外，雇员需交纳13.7%的社会保险税（雇主也必须交纳13.7%的社会保险税）。除了上述提及的税收种类外，德国还有一个全国性的增值税，它将所有商品的价格提高16%。高额税收的存在，再加上劳动力市场刚性及丰厚的失业津贴使德国失业率达到并超过10%。

随着全球经济竞争的加剧，这类政策的影响比20年前更具危害性，美国财政部门的两位经济学家Harry Grubert和T. Scott Newlon在对国家经济研究局收集的资料进行研究时发现，税收对国外资本是否投资该国起决定性作用。根据他们的发现，“税收对于决定资本投入到何处有重大影响”，而且“在制造业中投入到外资对东道国税率的差异感受非常敏感”。此外，他们认为“最近几年投资决定将越来越受到东道国不同税率的影响。”新时代展现在我们面前的特征更得到了上述发现的证实：在竞争的进一步激励下，投资决定比以往更加受到税收的影响。

尽管稍有起色，但高税收和银行业问题已经使日本经济陷入重重困境。此经济现象早已存在好几年，日本始终无法摆脱经济上的大多数问题。而德国和许多其他欧洲国家被臃肿的政府机构和高税收所困扰着，经济形势也不如美国。不少欧洲国家正指望欧洲经济共同体能帮助它们加速改善经济状况。

但是，在1998年——欧洲经济共同体大显身手的一年——戴姆勒·奔驰收购了克莱斯勒，Duestche Bank 收购了 Bankers Trust。如果在欧洲经济增长的机会若果真在增加的话，那么，为什么世界一流的企业选择扩张到欧洲以外的领域呢？而且，许多人认为美国市场上的价格太高。因此在悲观主义论调者眼里，这种经济现象将使得如上投资不能发挥任何作用，可实际情况是这种经济现象都不如美国是站在投资角度为投资者考虑这一点来得有吸引力。

尽管许多经济学家试图忽略税收和政策的影响，但日本及欧洲国家和美国的对比是十分明显的——恰恰是政府的政策起到了作用，使这两方面的经济发展出现差异。在日本和欧洲的一些国家，不适当的政策已经磨灭历史上最伟大的科技革命之一所带来的优益。显然，美国因其能够正确使用资本和提供有活力的投资机会，而仍然站在世界经济发展的前列。

虽然德国政府决策有许多失误之处，但其股票市场在最近几年却运作得很好，而且德国 DAX30 股票指数在 1993 年至 1998 年平均每年增长 17%，仅仅以一小步之差落后于同时期的以美国 30 种股票计算的道琼斯工业平均指数每年 19.2%的增幅。当然，这类大公司的股票指数并不是总能正确反映经济发展的潜在实力。那些构成 DAX30 指数的德国公司是"全球性"的公司，而不仅在德国本土内。许多情况下，德国大型公司雇佣的海外员工比它们在国内的员工人数还要多。这些公司股票价值的增长并不象征着德国经济实力的增强，而只能说明全球性经济的增长。例如，德国最大的公司之一西门子在 1999 年 3 月 31 日雇佣员工的总人数为438 000人，其全部员工由224 000海外员工和194 000国内员工构成。更值得一提的是，在 1998 年 9 月 30 日到 1999 年 3 月 31 日这 6 个月中西门子公司的海外员工增加了22 000人而国内员工总数却并未增加。尽管德国的失业率居高不下（1999 年年初超过 10%），但税收和政府政策使得劳动力成本很高，以至于许多公司宁愿将公司扩张到海外雇佣海外员工也不愿增加国内员工的数量。

但是包含有德国中型企业的股票指数却远不如美国同等股票指数高，而这个指数恰能更好地反映一国的经济实力。例如，在 1994 年底到 1998 年底之间，DAX100 指数增加了 122%，而 MDAX（德国中型企业股票指数）仅上涨了 58%。在同一时期，标准普尔 500 指数上涨了 168%。通过比较这些股票指数可以发现隐藏在德国金融系统表面下的弱点。

在1998年底，德国仅有741家公众性贸易公司，而美国则有超过9 000家企业。更令人吃惊的是美国在1997年9月和1998年9月有506家公司上市，而德国在过去的10年里（从1989到1998年）仅有218家。

此外，德国的有关证券业的规章制度虽然没有完全阻止中小企业股票上市，却也使得他们这样企业上市颇为困难。这就阻碍了资本的自由流动，影响新时代经济发展的推动力，并致使企业家智慧不能良好地发挥作用。德国和日本的经济框架是构建于大银行基础之上，所以它们极少将钱借给小型企业，这无形之中阻碍了经济创新的能力。为了使经济兴盛不衰，在新时代中，银行业和证券业必须学会如何限制部分企业实施过度积累资本的政策，因为那样最终将导致低经济增长率、高失业率和人才外流的现象。因此，要是你有投资外国企业的倾向时，千万注意要与大型国际性跨国企业合作，并要抵制那些资本短缺和税赋沉重的小型企业。

全球性经济中美元的主导地位

美国在全球性经济中的主导地位以及其他竞争者的软弱对美

国的金融市场又是一种有益的影响：美元已成为世界通用货币。美元成为硬通货并且越来越被广泛使用，甚至古巴也在使用美元。最令人吃惊的一件事是美国已下令禁止与古巴通商贸易，为此，古巴获得美元的惟一途径就是同第三国进行贸易。可以想像一下，如果美元从第一人手中传到第二人手，再从第二人手中传给第三个人，价值依然不变，那么储备美元是多么令人叫绝的保值手段啊！

在1995，1997，1998和1999年，世界上许多国家的货币都在贬值，突出表现都是他们与美元相比时，至少比原来的货币贬值60%。墨西哥、泰国、马来西亚、印度尼西亚、俄罗斯以及巴西等国的货币都在大幅贬值。这次历史上罕见的通货贬值究其原因有二：第一点，由于美国联邦政府决策的正确，美元已经变得异常坚挺；第二点，以上国家实施了错误的经济政策，他们发行大量货币在市场流通却又执行减少投资需求的财政政策，货币的供给大于需求，通货自然要贬值。

在这些国家中，他们的中央银行发放大量货币，不幸的是国际货币基金组织却要求他们提高各自的税收。税收的提高造成国内投资需求下降，就必然导致通货膨胀和资金外流，最终造成这些国家的货币贬值。新时代的全球性经济根本就不允许错误的经济政策持续执行下去，因为它必然受到警告和惩罚。

例如，1999年初，巴西货币相对于美元来说贬值近40%，这次贬值丝毫不出人意外。在前两年里巴西中央银行发行的货币几乎是流通实际需要量的两倍。在1996年12月和1997年12月间，巴西货币的流通量增加了60%，1998年又增加了22%，随后巴西政府不得不施行国际货币基金组织要求的提高税收的政策，因为只有这样，才能获得国际货币基金组织提供的贷款。税收的增加，尤其是企业税收的增加以及增加近一倍的银行业业务的税收，减少了对巴西的投资需求，却加快了资金外流的速度，降低了巴西的经济增长速度。货币供给过多和对巴西投资需求的减少，此两种截然相反的经济现象结合在一起导致了不可抵挡的货币贬值现象的出现。虽然巴西政府承诺货币不会贬值，但事实证明巴西通货的贬值是在所难免。

货币的贬值几乎给巴西经济宣判了死刑。一夜之间，巴西人民的购买力和世界市场上巴西企业的价值迅速下降了40%。任何一个以美元形式欠借而实际上只有巴西货币的巴西人，他们的个人债务负担同时也上升了40%。因货币贬值而引起的不可避免的通货膨胀和高利率导致了经济的严重衰退。通货膨胀和经济衰退使得巴西人民生活水准下降，失业率上升，投资减少，并且最终降低了政府的税收收入。

有意思的是，世界上最成功的投资者之一乔治·索罗斯将全球性金融危机归结为资本主义制度（而不是政府调控）的失误。他在1998年写道，“……金融市场的运作就像一个破坏的球，撞倒了一个又一个经济体系。”索罗斯提议由新的国际协会来控制世界的货币流动。作为类比，他将资本主义体系比作一个“巨型的循环体系，在这个系统中心吸收资本，然后再将资本流向边缘地区……”他认为今天金融市场的问题是系统中心不再将资本推向边缘地区。

但这个类比是完全错误的。全球的金融体系并没有一个中心。世界上大多数资本在某些程度上确实流向纽约、芝加哥、旧金山、伦敦或东京等城市。但要知道那些资本的主人却分布于世界各地。边缘地区就是中心，中心也就是边缘地区，两者毫无区别。在新时代的全球金融体系里，资本流向它最能发挥作用的地方，这就是为何资本从南美洲和亚洲流向美国，从那些做了错误决策的国家中流出的原因。认为金融体系的中心需要加强控制的想法对自由市场的整个过程和新时代资本和信息的自由流动是完全不适宜的。索罗斯同他之前的经济学家凯恩斯一样，将经济问题归咎于市场而不归咎于政策。

将经济问题归咎于市场的论调仅仅只是一个借口。国际货币基金组织做出的错误的货币和财政政策才是引发全球经济问题的真正原因。那为何政府领导们仍要继续执行以上的谬误政策呢？惟一的原因就是可以将责任推卸给市场，他们可以避免受到怪罪。这将在新时代经济发展中带来更大的灾难。必须要谨记，国际货币基金流入到一个国家时，投资者就会离开；当政府试图控制资本时，资本就会外流。

值得一提的是，一些国家采取措施制止全球金融市场的动乱，结果却给他们的经济带来破坏性的打击。例如，阿根廷仔细研究了取消本国货币而代之以美元的影响。采取这个措施将会大大减少货币贬值的可能性，并且给国际投资者在阿根廷进行长期投入的项目提供了保证。

阿根廷政府采取的这种措施只是又一次表明美国在世界金融体系中的主导地位。美元已经成为世界通行的货币。在俄罗斯以美元为货币单位计量的交易多于以卢布为货币单位计量的交易。在墨西哥，以美元为货币计量单元的那部分经济发展良好，而以比索为货币计量单位的经济仍然受到通货膨胀和经济衰退的影响。全球货币的不确定性问题只能通过某种固定的货币标准价值体系才能解决。二战后，这个标准就是布雷顿森林体系。自从1970年初期尼克松总统将美国退出该体系以来，价格的不确定性、通货膨胀和货币贬值等经济现象越来越恶化。

因此留给我们思考的仅有的问题就是新的货币体系如何产生出来。一部分人认为，国际审裁团的专家们在高高讲台上发表的演讲，才是重建稳定的世界货币体系的惟一途径。另一部分人，包括我自己在内，认为新秩序应自发地到来。欧洲已经采纳了第一种认识。除英国以外的主要的欧洲国家，在他们各自政府之上建立了新一层管理机构来创建和管理一种新的欧洲货币即欧元。

当你在阅读本书时，第二种说法即新秩序会自发到来的观点所描述的现象正在发生。世界上每一个人都选择使用美元，他们之所以如此选择是因为他们相信美元可以长时期的保值。此外，南美洲居民体会更深。由于他们一生中的两三次货币贬值和通货膨胀，他们毕生的积蓄都消失了，所以他们十分厌恶货币的不稳定。

有趣的是，如果阿根廷政府果真转变使用美元为通货，那么其他国家将不得不采取同样的措施。为保证阿根廷不会出现货币不稳定的现象，阿根廷政府将创造南美洲最具竞争力和吸引力的经济，而其他南美洲国家能够与阿根廷竞争的惟一途径就是货币计量单位也转换成以美元为标准来计量。

随着南美洲趋向于使用美元以及欧洲创立了欧元，许多分析家认为世界被分为三大主要货币区域——美元、欧元和日元。虽然这个事实可能是正确的，但在世界上起主导作用的仍然是美元。原因很简单：硬货币只能在经济强大的国家才能出现。而美国是世界上最强大的国度，所以美元比黄金更值钱。

即使是欧元也无法与美元竞争

为了与美元相抗衡，11 个欧洲国家已经同意将各自的货币转换为同一种货币。这个向单一货币转换的货币政策是一个极妙的主意。因为外汇兑换成本会因此而下降，价格的透明性将有益于消费者。市场成本会下降，并且价格的稳定性可能会长期保持下去。可毕竟欧元并不是欧洲经济问题的万能药。欧洲失业率仍高达 10%以上，经济增长速度仅为美国经济增长速度的 1/2。此外，最近一些欧洲大型企业对美国进行大量投资的举动说明投资机会确实是在欧洲以外的地方。欧元将无法对美元构成真正的威胁，除非欧洲国家改革它们的财政政策。

将存款转换成单一货币并不能十分刺激更多的投资产生。外汇兑换的成本相对于企业交易的规模来说并不多——少于整笔交易成本的1%。如果外汇兑换成本所占比例提高的话，它将阻碍世界贸易的发展，并且会比过去的几十年更加阻止外资的投资。例如，直到1997年亚洲危机时，国际贸易和外资增长的速度仍然比世界GDP增长速度要快。自1997年危机扩展成全球性危机后，贸易量迅速下降。但是这些贸易量的减少是因为全球经济的不确定性而不是因为外汇兑换的成本。所以，转换成单一货币不太可能带来大量新的投资。

不幸的是单一的货币政策和贸易壁垒的打破所带来的好处被一系列不正确的经济措施所抵消。当各国之间越发的开放，以及单一货币政策的实施，欧洲共同体的成员国应该把各自的税率的进行调整，并等同于最低税率那个国家，这种做法是被我们大家认为可行的。但是，欧洲共同体却采取了相反的措施。例如，欧洲经济增长最快的国家爱尔兰在各方面压力下被迫提高它的低税率，因为欧共体认为它的低税率的实行对欧共体的其他成员国来说是“不平等”的竞争。这就好比福特汽车公司要求通用汽车公司丢弃它的高新科技的机器，因为仅仅只有通用有如此高的生产力是不公平的。显然，这是荒谬的作法。为了具备竞争力，欧洲国家必须降低税率，而且除非欧洲具有强大的竞争力否则是不能与美元抗衡的。美元将继续保持它的主导地位并作为最流行的储备货币，只要美国继续执行自由市场、价格稳定、低税率和有限制的政府干预等政策。

最终，美元的坚挺和世界对美元当作资产的需求促进了美元价值的提高。但是，这也就象一把双刃剑，之所以这么说，并不是因为担心这种投资在将来会减少或停止，而是因为美国正受益于其他国家，突出表现在资本从巴西、亚洲、欧洲和加拿大等国流入到美国境内。虽然从短期来看是对美国有益的，但是从长远来看对整个世界的经济发展十分不利。

但是，新时代的特点会保证这种现象的最终好转。世界上的人们、国家已慢慢学会并知道哪些政策是经济发展所需要的。虽然许多国家发觉改变政策非常困难，但最终它们会实现转变，它们的经济也会因此重新迅速增长。尽管部分美国人担心，因为投资者可在全世界各地投资，这将会危害到美国经济的发展，此担忧是没有必要的。一个充满活力的世界经济将会提高每一个国家的经济增长率。世界经济并不是一个从零开始增长的过程，也不是一个和过去紧密联系的经济增长过程。无论世界上其他国家如何运作，只要能采取正确的政策可以使任何一个国家的经济健康发展；无论世界上其他的国家经济发展是好还是坏，美国经济的强大掌握在我们自己手中。

而且，在你将要看到的下两章内容中，美国将继续在新时代实行正确的策略。这样，资本将继续流向美国境内，世界贸易和投资的规模将扩大。另外，当其他国家转而实行正确的政策时，世界经济将整体受益，会给投资者提供出不同寻常的崭新的投资机会。

第 三 章

大政府主义的结束

我们已经认识到财富的新时代始于20世纪80年代初期，并不是一个巧合或我们的好运气使然，因为科学技术和全球化起到了重要作用，但是这次经济振兴的最重要原因除上述两个以外，还应包括70年代晚期和80年代初期政府政策的180度大转弯。政府政策改变的主要原因是大社会政策的实施和60年代晚期及70年代早期的微调经济政策的执行给经济发展带来了大灾难。面对大政府主义带来的恶果，美国人面前只有两个选择：要么认命地接受80年代早期糟糕的经济条件，要么找出是什么地方出错了并改变它。

谢天谢地美国人民支持改变当时恶劣的经济环境，这样支持新时代来临的第三大趋势产生了。有趣的是，虽然许多政治家认为共和党人转变财政政策并不十分正确，信不信由你，在1979年到1980年，民主党人参议员 Lloyd Bentsen 领导的联合经济委员会发表了论文去支持新的经济学思想——“供给经济学”。

在1980年名为“Plugged in the supply side”的共同经济报告的序言中，参议员Bentsen写道：

1980年的年度报告标志着经济思想新时代的开始。在过去，经济学家几乎都只在研究需求一方的经济情况，因为他们被蒙蔽，不得不认为为了使经济协调发展，必须在失业人数和通货膨胀之间作出权衡。……1980年联合经济委员会的报告认为生产力的提高创造了稳定的经济增长……而且货币供应量的逐渐减少……可以在20世纪80年代大幅度下降通货膨胀率而不会使失业人数增加。……委员会还建议了一个针对美国结构性问题的解决方法，并且劝告人们不要将微观经济学中的微调经济的措施作为改革的重要内容。

正如这段摘录所述，即使政治家也体会到大政府主义是不能促进经济发展的这一事实。大政府主义中的政府管制、财富的重新分配以及保护主义都妨碍了经济活动的创新，并且税收的征收阻碍了储蓄和财富积累。在美国历史上有两次过度的政府干预市场的活动。第一次是20世纪30年代的美国新经济政策，第二次是20世纪60年代和70年代的社会支出计划。股票市场的崩溃及30年代和70年代经济的萧条明显说明了政府干预行为的扩大所带来的灾难。另外，80年代晚期全球共产主义政治体制陷于低谷，使得政府创造财富的观点不攻自破。

为了了解为何政府干预的力度会影响到经济增长和金融市场，我们必须首先掌握两个概念。第一点，人类历史就是一场在财富积累和财富重新分配之间展开的战斗;第二点,也就是Say定律:供给创造了它自身的需求。

这些概念以及它们在解释财富创造的重要性方面变得越来越明显,当我们深入研究一个思想问题时,这个思想问题我第一次是在Paul Zane Pilzer的名为《终极财富》一书中遇到。他要求我们假想一个只有十人居住的岛屿,每一位居民为了生存每天都需去捕鱼,并且每天捕两条鱼。因此,这个岛屿每天的国内生产总值(GDP)为二十条鱼。

如果岛屿上两个居民冒着饥饿的危险,不去捕鱼而是去建造一条船和织一张网,那么这个岛屿就有了提高它生活水准的机会。在Pilzer的例子中,两个居民由于去建船织网,他们两人在一起每天就能捕20条鱼或每人每天能捕10条鱼。就捕鱼生产力来说,这种改进是不可思议的。实际上,这两个人每天捕鱼的数量相当于以前岛上所有居民一天的捕鱼量。

生产力的迅速提高动摇了整个岛屿的社会基础,因此在创新之后,居民面对着许多选择。当然,居民可以漠视新生产方式带来的利益并继续依赖于每天只捕两条鱼而生活。如果居民真的这样做的话,那么那两个生产力高的居民就有时间用来休闲或娱乐。此外,假如另一些岛屿上的居民正试图生产其他的物品(如水果、蔬菜和谷物)或提供服务(如修船或清洗鱼)。他们可以将这些物品和服务与那两个居民(即可称作为企业家)所捕的多余的鱼交换。如果岛上居民抓住了这个机会,那么岛上的GDP就会提高,财富就会增加。这样，每一个岛上的居民每天除了拥有相当于两条鱼价值的工资，还可以从其他岛上学会生产其他物品的能力。岛上的高产量使它能够屯集或贮存多余的产量以备应付不时之需，如岛上恶劣天气对生产的破坏或甚至可以允许岛上的居民投资生产新的物品和提供新的服务。

这就是财富如何被创造出来的过程。企业家冒风险进行创新改革，当他们成功后，社会中每一个人都能够受益。这种创新的过程驳斥了经济增长正负相抵的理论，这种理论认为当社会中一些人成功后，剩下的一些人肯定要遭受苦难。但是，仍有些潜在的问题存在。让我们思考一下工资分配的问题就能得知。在发明造船技术之前，每个居民每天有相当于2条鱼价值的工资。但是发明造船技术后，每一位企业家可以每天捕10条鱼，而其他居民仍然每天只能捕到两条鱼。换句话说，工资分配由原来1∶1的比例变为5∶1的比例。对于一些人而言，这种收入的不均衡是一个不好的社会现象，因而岛上的居民可能会采取一些措施。例如，其他8个没有造船的居民成立一个政府，并决定对这两个企业者每天的收入征收80%的税率，以至于政府可以拿这笔税收来进行再分配。当然，如果这两个创造者继续每天捕20条鱼并且支付那16条鱼的税赋，那么另外八名居民将不会有动力去生产新物品和提供新服务。显而易见，通过对生产力高的企业家进行征税，这座岛屿不仅丧失了新发明带来的利益，而且抑制了创新的动力。

虽然上述这则故事描述的是简单的社会经济，但是它真切地表明了财富的重新分配阻碍了生产力对社会的全面影响。在这个分析背后隐藏的经济理论仍然是Say定律。Say定律认为在岛上由于捕鱼的生产力技术的提高，鱼的供给数量增加，因而导致了岛上居民对其他物品和服务的需求。这两个发明者因为他们的收入增加，所以现在需要更多的而且是不同的物品和服务。因此可以看出正是他们提高了物品的供给量才创造出新的需求。

由此，不难看出是企业家的努力和生产力的提高才使得Say定律起了作用。上述的例子同时也说明了为什么对工资和利润征税会降低经济增长的速度。从商品供给中得来的收入和利润总是与需求相等的，但是对工资和利润的征税使得政府减少了对新产品的需求，因而降低了经济的增长和财富的创造能力。

Pilzer描述的故事还解释了另外一些更重要的东西：当新发明运行成功后，发明者会发现他们的收入相对于现状来说以惊人的速度上升。在创新时代，例如，在工业革命时期或今天的信息时代里，富人和穷人之间的差距在扩大。即使穷人感觉到他们的工资在上涨，但是与比尔·盖茨帝国所获得的巨额利润相比，简直是小巫见大巫。但是，我们必须认清这是社会进步的象征，而不是社会问题的象征。当市场自由化时，收入差距的扩大象征了强大而健康发展的经济，并且任何企图通过增加税收和重新分配收入的方式来消除收入差距扩大的做法都会危害到经济的发展，减缓创新的步伐。这就是为何前苏联政府倒台的原因。

但是，无论什么时候只要财富在不断增长，重新分配财富的诱惑就存在，并且这种诱惑会越来越强大。财富创造和重新分配财富之间的斗争在历史上比比皆是，对市场发展产生重大影响。在那些重新分配财富势力在上涨，政府干预在加强的时期里，经济增长和财富创造遭到抑制；在那些政府很少干预市场活动的时期里，经济增长和财富积累加速发展。

过去 34 年的经济发展状况就是一个很好的例子。在 1965 年和 1982 年间，当增加政府支出的计划实施后，经济增长缓慢，通货膨胀加速，而且股票市场也极不稳定。但自 1982 年以来，政府干预逐渐减弱。虽然对高科技的投资是最近几年生产力提高的潜在动力，但政府干预经济活动的减少才是允许美国财富积累和经济增长的原因。新时代股票市场的繁荣一直到 1982 年才出现，但是促使这种繁荣现象的财政政策早在 70 年代末期就实施了。

社会支出计划和经济萎靡期

20 世纪 70 年代是经济大动乱的时期。每一个衡量经济发展水平的标准如工资、财富或生产力都大幅度下降。为了提供“社会支出计划”所需要的资金，政府实行高税率，这无疑抑制了经济的增长，而且宽松的货币政策的推行加深了通货膨胀的程度。每一次经济的恢复伴随着不断上涨的通货膨胀以及联邦储备局为了降低这种通货膨胀而不断提高利率的经济行为。我们的经济确实在倒退，即使卡特总统也把这段时期经济的发展称作“经济萎靡期”。

出现这样经济现象的原因是实施的经济政策违背了Say定律。通过对由于生产力提高而带来的利润增加税率，这种财政政策使得经济增长的过程出现短路。原因很简单：由于生产力提高而带来的工资的增加值被政府提高的税率给征税走了。但是，凯恩斯派经济学家没有认识到需求的降低正是供给者身上这种沉重的税率枷锁引起的，相反地，他们把经济问题认为是缺少需求。因此，他们开的药方包括了扩大政府支出，增加财政赤字和降低利率来鼓励消费者去购买更多的商品。

当供给出现困难而需求由于政策刺激扩大时，结果必然是导致通货膨胀的出现。因此正确的政策措施应该是降低税率，并且联邦储备局停止实行宽松的货币政策。即使这些措施已经实施，但是经济微调政策和对需求的管理所带来的利益是不容易让位的。对许多经济学家来说，他们认为恶劣的经济环境是不可避免的。在我们读70年代晚期的经济著作时，确实发现许多观点都是悲观的。大多数的经济学家分成三大阵营：第一种观点认为经济环境恶化会永远存在，美国将会经历长时期的经济退步；第二种观点认为解决通货膨胀问题的惟一方法就是美国必须忍受长时间的经济衰退期或者甚至是经济大萧条；第三种观点认为坏运气会降临到美国，我们只需等待好运气的到来。

显然，当社会上充斥着这些宿命的经济预言，并且人们仍然继续相信许多经济学家信奉的微调经济政策时，人们很难相信林肯的“天才的智慧”的理论。但是，一小部分经济学家，政治家和新闻工作者开始发表自己的不同于前面三种看法的观点。从1975年开始，一些人包括Robert Barley，Robert Mundell，Arthur Laffer，Paul Craig Roberts，Norman Fure，Jack Kemp，Bruce Bartlett和Alan Regnolds在内，公开讨论并书写了关于“新经济学”的理论。Robert L. Bartley在1992年出版的《The Seven Fat Years》一书中记载了这些被称作“供给学派”理论的发展史以及80年代的经济状况。在这本书中，Bartley还描述了70年代晚期的经济环境和美国改变经济政策所面临的许多困难。

但是，美国确实改变了经济策略并开始了财富的新时代。不幸的是，由于80年代预算赤字的扩大，“供给学派”理论遭到人们的怀疑。供给学派的理论已经被错误地简化成一个信息，那就是税收的减少可以使国家收入增多，因此能够消除赤字；但是，实际上这种过于简单化的理解是不正确的。供给学派理论的核心思想是Say定律。经济发展需要减少税收来刺激企业家的创新无论赤字是扩大还是缩小了。在70年代晚期，资本收益被征收高达50%的税率，而个人所得税更高，达到了70%。供给学派的经济学家认为如此高的税率会抑制经济的增长和财富的创造。这些观点似乎现在已得到证实。在1979年到1982年这13年中，经济经历了几乎四年的大衰退，但自1982年以来，经济已经持续增长了17年，其中只有8个月的经济衰退期。

显然，税收对经济的发展有重大影响。70年代晚期和80年代早期的美国滞胀的经济现象是如此糟糕以至于来自两大政党的政治家都试图寻找解决的办法。正如大家所看到的共和党人领导的联合经济委员会渐渐趋向于同意供给学派的理论。许多共和党人在美国国会中发表的演说带来了第一次的许多财政政策的革新，这些革新的政策刺激了投资，鼓励了企业家创新。

在1978年11月6日，卡特总统签署了减少资本收益税的文件，使税率降低到60年代水平。议员 Willian Steiger 在1978年4月20日创立法规来减少资本收益税。正如 Bartley 在《The Seven Fat year》中写道，“这个时刻是10年嫉妒结束的时刻；经济增长方式的寻找真正认真开始了。”

在减少资本收益税之前，卡特总统就已任命康奈尔大学的教授 Alfreol Kahn 为美国航空局（CAB）主席。卡特知道 Kahn 想取消政府对航空公司的管制，并赞扬了他的努力。美国民用航空局于1938年建立，这正好是在新经济政策时期政府对航空业的管制比较严格。就如 Daniel Yergin 和 Stanislaw 写于1998年的《The Commanding Heightts》一书中提到的一样，Kahn 并没有花费太长时间即令政府取消了对航空公司的管制。

在1978年10月，对航空公司撤销管制已经写进法律条件中：……航空公司可以自由制订票价，自由竞争。但它们是如何取得成就的呢？据估计，1996年每一位乘坐飞机的乘客所支付的票价比政府对航空公司的管制存在时的票价低了26%。

20世纪70年代晚期政府政策开始发生巨大变化，到80年代就逐步呈现出来。1980年，罗纳德·里根竞选总统，他听从了供给学派的创始人之一 Jack Kemp 的意见，在他的政纲中继续实行减少税收和减少政府支出的政策。

在发表就职演说后，里根上台采取的第一件重大措施就是签署了一项行政命令，这个命令的主要内容是取消了存在10年的对石油和汽油的价格控制。第二天，里根废除了保证工资和价格稳定的理事会。里根预测石油和汽油的价格将会大幅度下降，而事实证明他是正确的。

为了辅助管制撤销的措施，里根还减少了所有税收，这也是他在竞选总统时就承诺美国人民的。最终，他成功地将个人所得税率降到28%，资本收益税率降到20%。在里根总统任职期间，完成了AT&T公司的分解，并且成功地取消了对银行业、货车运输业和铁路业的管制。

政府政策创新性的改变是我们今天经济增长和财富创造这些繁荣现象的潜在动力。虽然，对一些人来说，很难将浮夸的和党派性强的政策完全同革新后的政府政策分离，但是毫无疑问管制的撤销提高了经济效率和社会生产力，而且税收的减少鼓励了创新和发明所需要的冒险精神。另外，税赋的减少允许个人有资金投入到生产力强的理念和企业中去。

在 80 年代初期，微处理机的技术重新塑造了整个世界。传真机、录像机、微波炉、台式计算机和无线通讯电话等新产品开始出现，并且那时市场占有率很低。但是税率的降低、80 年代管制的撤销以及像 Michael Miliken 等金融家发动的有创造性的筹资计划使得这些技术繁荣发展以至于成为现在美国居民每天都使用的设备。

倘若没有 20 世纪 70 年代到 80 年代政府政策 180 度大转弯式的变化，科技繁荣的景象就不会像今天一样出现在美国，投资美国股票获得的巨额利润和美国人民生活水准的明显提高也就不会发生。这些经济飞速发展的证据俯首皆是。只要问一下你自己，为什么美国能够成为高科技信息时代的中心？为什么德国和日本不能成为经济繁荣的中心？但是也有一部分人认为德国和日本是可能成为经济繁荣的中心的。在 80 年代初期，预算赤字和贸易赤字被认为可以破坏整个美国经济。根据学术研究的精英分析，日本或德国是下一个经济强大的国家，而且许多里根的敌人认为里根的经济政策必定会损害整个国家的发展。

但这种情况不可能发生。就在美国经济越来越落后的叫声最声嘶力竭时，美国经济却冲刺到世界各国首列。美国已经转向自由市场和能够刺激“天才的智慧”自由发挥的税收和管理结构，世界上其他国家已经跟不上美国的步伐。日本和德国却提高税收，减缓管制撤销和私有化的速度，并且没有想出降低政府支出的方法。这就是为何信息时代繁荣兴旺在美国而不在其他国家的原因。

财政政策的改革推动新时代发展的进程并没有因为罗纳德·里根的下台而结束。这些政策在布什总统和克林顿总统的领导下间歇地延续使用。布什总统完成了北美自由贸易协定（NAFTA）的谈判并签署了1992年能源政策法令——这也是对电力放松管制的第一步。克林顿总统强迫通过了关税及贸易总协定，签订了结束农业价格支持的法令，并且取消了我们所熟知的福利政策。这些变化减少了政府支出，降低了全球贸易的关税，更重要的是，激励许多美国居民成为社会里具有高社会生产力的成员。政府支出增长的缓慢以及从快速经济增长中征收的税收收入最终会与预算相平衡。

显然，1994年选出的共和党国会是收支平衡预算和福利改革的潜在政治推动力；但是，无论支持变化的政治联盟对政治是如何重要，它对市场来说却是无关紧要的。自从70年代以来我们所目睹的全是政府政策奇迹般的改变。70年代的大政府主义的社会试验是彻底失败的，因此，凯恩斯主义关于微调经济和政府对需求的管理也就自然而然被驳斥了。虽然仍有一些人相信凯恩斯的经济模型是正确的，但是他们更可能是在大学里教书或在联邦储备局里搞预测。

并非过去20年里所有的财政政策的变化都是正确的，但是那些已发生的变化确实刺激了高科技的发展。任何主张政府更多地干预经济的政策对金融市场都是有害的，因此更深层次地减少政府干预才是对经济发展有益的。

第 四 章

新世界的政治

过去30年的经济发展史表明政府政策的方向是财富积累的关键要素之一，而决定将来的这个方向正是政治活动和政府政策的变迁。有意思的是存在两股势力继续把政府政策推向更加个人自由化和更少政府干预的方向。第一股势力，信息时代限制了政府管理经济的能力；第二股势力，大多数美国人民现在对金融市场的运作都非常感兴趣，这就阻止了政府重新分配财富。这个新的投资者阶层已经成为政府的第四个分支，因此这些势力合在一起将使政府走向支持财富积累的道路，而不是重新分配财富的道路，这也就是支持新时代发展的第四大趋势。

无能为力的政府

在信息时代，当个人所拥有的实力越来越强时，政府变得越来越无能。对市场的信赖渐渐代替了以前流行的政府是提高生活水准和提供财富积累的推动力的信念。就当新世界的工业以令人目不暇接的速度变化时，政府政策也相应地随之改变。此类证据在我们身边比比皆是：社会保险体系因为其投资者获得的低利润而遭到非议；社会福利体系现在更多地以它的负面结果而不是正面影响而闻名；教育体系正艰难地以现有的方式生存着；复杂的税收代码已经成为许多笑话的攻击对象。

政治前景的改变有许多原因。显然，扩大政府支出计划的失败就是原因之一。70 年代大幅度下降的生活水平和市场运作的失调是实施这个计划应得的惩罚。但是，更重要的是科技允许更多的个人自由存在，如此多的自由以至于使政府丧失了实施或管理许多不同类型活动的能力。例如，当人们可以一天 24 小时在互联网（World Wide Web）上购物或与银行进行业务往来时，那些管制经营时间的法律（如蓝色法规）不再需要在现实生活中实施了。为了实施这些法律，政府必须控制个人行为，这在高科技时代是非常困难的。虽然法国可能觉得通过突袭检查办公室的方法能够实施一周35小时工作日的法律，但在美国是不可能实现的。任何不伤害到其他人的个人自由行为都是不可侵犯的权利。因此，高科技时代所必然存在的迅速扩大的个人权力和人身自由阻碍了政府政策的实施，而且这种趋势现在已深深扎根，并在将来会延续下去。

一个说明政府在今天的高科技时代不起作用的生动的例子发生在1999年1月份。那时候，互联网股票炒作很疯狂，证券和交易所委员会（SEC）的负责人Arthur Levitt谈论到关于网上投资的风险。他坦率地提醒人们："在线投资者必须记住：咔哒地按一下键盘的确很容易赢利，但输钱也同样容易，甚至比赢钱更容易。"他发表的评论很真诚，但不论他倾向于什么，也几乎不能做什么事来干涉局面的发展。虽然政府部门有权管理社会机构，SEC有权控制经纪人，但是它们并不能限制个人投资的方式和所选择的投资领域的自由。有意思的是，因为信息时代将决策权授给个人，而不是授予社会机构，所以政府部门的管理权迅速消失。当人们更多地通过互联网进行股票交易，证券交易、期货交易或获得买卖某物的权利，实施管制的当权者会失去权威和控制。例如，金融市场管制机构通过让经纪人对他们顾客投资行为的适宜性负责来控制经纪人的数量。就像酒吧男侍要对喝醉酒的顾客负责任一样，经纪人也要对客户那些与现行金融环境不相适宜的投资行为负责任。但是，我们都知道这是不可能的。

新时代的联机股票交易中，社会机构的管制能力遭到破坏。具有讽刺意味的是社会机构的管理费用的存在就是经纪人的佣金一直比联机交易的佣金高的原因之一。当然，还有其他原因，即大多数互联网上的交易现场不提供研究或意见。另外，联机交易现场取消了经纪人这一环节，并允许顾客去承担此角色。当每一个顾客成为他或她自己的经纪人时，任何加强管制的措施，从其本质来说，都会变得具有高度侵略性，并且管制费用会越来越昂贵。实际上，正如 Arthur Levitt 的言论所表明的，管理机构只是“道德的劝说者”。但是人们有理由嘲笑这个观点即政治告诉他们投资在什么地方比较适当。可是必须记住是联邦政府强迫 S&L 行业在 1989 年市场低谷时期抛售掉它所有的高值证券，并且这个举措解决了那个行业存在的金融问题。联邦政府还决定在 1979 年发行为期 30 年的政府债券去弥补财政赤字当利率长期以来一直处于历史的最高峰时，美国还仍旧支付给一部分公债双倍的利率。

显而易见，没有人能完全预测将来的景象——政治不能，任何一个公民也不能。因此，很难想像倘若支持更多地管制金融市场的措施会有什么结果。毋庸置疑，当你决定投资时，你肯定认为这次投资是正确的。那么政府怎么能够与你争执是对还是错呢？更重要的是，如果投资出现问题，谁该负责任呢？显然，提供错误的和易使人误解的信息的公司必须负责任，但是如果你是你自己的经纪人，你也要对此负责任。这种个人责任感的增强是将来政府政策的主要方向。信息时代里，权利和自由将从那些在过去 100 年里管理贸易和商业的社会机构手中转移到个人。有趣的是，管理的高额费用与避免这些费用的体系的发展是相违背的。市场总是寻找并选择使用成本最低的生产方法，而且新时代的科技也在创造机械设备去实现这个目的，所以那些依靠政府管制市场来生活的人们将不幸地发现这种趋势的演变减少了对他们服务的需求。

市场已经显示出这些趋势的强大力量。1998 年第四季度中每天在线交易额比上一个季度上涨了 34%，而且在线交易中股票交易占 13.7%，高于 1997 年第四季度股票交易所占交易总额的 9.2%。“这些数字表明投资者——尽管有人抱怨服务太差——回避了经纪行全职服务的昂贵佣金，并且接受联机在线的经纪人，这些人收取的费用一般是少于每笔交易的 20%。”虽然价格低是联机在线交易迅速发展的潜在推动力，但是股票份额的增多和信息量的迅速膨胀也在消除经纪人和投资者获得信息的能力的差距。新时代大大降低了交易成本和信息成本，并给个人以很大的权利和自由并逐步取消许多交易中的中介人。这股趋势是如此强大以至于 1998 年年底 Charles Schwab Corp 的资本市场化比 Merrill Lynch 程度深。Schwab 价值的波动是它能够授权给个人的直接结果——一种明显的新时代科学技术价值的象征。尽管联机股票交易额在迅速增长，但它仍处于初步发展阶段。随着它的继续增多，当权者对经济管制的影响将迅速消失。

推动世界更加自由发展的力量并不是因为互联网的出现而产生的，相反互联网的蓬勃发展加速了这个进程。工业革命形成了组织人们活动的一种主导性体系；20世纪30年代是凯恩斯学派经济管制和政府控制市场发展思想的温床。80年代晚期USSR的崩溃和世界自由市场的上升证明了这些理论的错误，同时也体现了自由化政策和个人责任感的上升。

1993年1月，新当选的美国总统威廉姆·杰弗逊·克林顿在他的就职演说中说道："我们必须……需要来自每一个人的责任感。该是打破那种免费理应从我们政府或其他人那里获得利益的坏习惯。让我们都变得更有责任心一点，不仅对我们自己和我们的家庭负责，还要对我们的社会和我们的国家负责。"美国人民已经按照这些话准备好了。美国曾经实行过大政府主义，并以失败而告终。大政府主义不仅没能摆脱经济发展中的风险，而且使经济环境越来越恶化。

虽然在那个时候表现得并不很明显，但克林顿总统继续实施以卡特总统和里根总统开始的与凯恩斯派微调经济学者的大政府主义的理念作斗争的措施。市场最终控制了政府政策，但是仍然有许多障碍需去清除。1993年，克林顿政府强迫国会通过提高税收的议案，并将其称之为"减少赤字的措施"。此外，克林顿总统在1993年还提出"一个有野心的计划即联邦政府对最大的经济部门——健康医疗部门——负责任，并建立一个全国性的健康医疗体系"。这个建议并没有取得丝毫进展。

那时共和党人相对于民主党人来说人数虽然很少，但却发起了一次非常成功的反击。在议会争论和电视广告中他们重点强调了这个计划的惊人的繁冗程度和其必然以丧失自由为代价。最终，这个规划被轻松地否定掉，而这对于投资者来说是很重要的。这次事件为1994年共和党人接管国会奠定了基础——40年来共和党人第一次控制了国会中的参议院和众议院。

对许多人来说他们不太清楚上述社会现象会对经济产生什么样的重大影响，但是市场的运作可以告诉我们一个真实的数据。克林顿总统1993年实施的增加税收的政策和健康医疗计划使得市场想知道是不是大政府主义又回来了。在1993年1月和1995年1月之间，标准普尔500指数年增长率仅有3.4%——远远低于历史平均水平。但一旦共和党人任国会领袖，市场又返回到原先飞速发展的模式。在1995年1月和1999年1月间，尽管政府没有对之进行干预，但标准普尔500指数仍以令人惊讶的27.1%的年增长率增长。

这种现象的发生有两个方面的原因：第一点，市场适合于共和党人提出的政策措施；第二点，克林顿总统是一个"新民主党派人士"。根据Yergin和Stanislaw所述，"（1995年政府的）停业和政府预算案的失败被看作是民主党的胜利。但它们也是国家和民主党的一个转折点，而且这个转折点在克林顿总统发表就职演说以后的几个星期的一次演讲中表现得越来越明显。在那次演讲中，他对全国人民说，'大政府主义的时代结束了。'实际上，演说中，这句话他共提到两次。"

市场和经济活动是不具有党派性的，它们会因为政府采取的适当政策而发展良好，也会因为不适当的政策而发展很差。尽管自从1982年以来资产价值上涨非常快,但是这条路并不总是平坦的。美国已经处在转型时期，而且许多美国人仍旧不确信自由市场是否是正确的政策。但是，市场能够在较少的政府干预和相对自由的经济环境下繁荣发展，这一点已日益显露出来。更重要的是市场发展的方向向我们预示了经济发展的方向。

20世纪90年代的政治斗争是很重大的。斗争的许多方面与80年代早期的政治争论是一样的，但也有一些方面是大不相同的。由于在收支预算平衡问题上发生分歧，政府停业出现。共和党人希望克林顿政府花费更少的时间达到预算收支平衡，可以看出共和党和民主党都想使预算收支达到平衡。共和党人希望进行福利制度改革，民主党人也想这样做，但和共和党人采用的方式不同。但是，不论是福利制度改革还是收支预算平衡问题都获得了成功。

最近几年通过的关于福利制度改革的法令是最重要的。根据George研究可知福利制度改革方案是自30年代美国新经济政策以来通过的最重要的法令。尽管耳边经常响起贫富差距在扩大以及失业率在上升的这些可怕的警告，但事实正好与此相反。1998年4.5%的失业率是自1969年以来最低的年失业率水平。此外，所有美国人——从最贫穷的到最富有的——工资增长速度都比通货膨胀率的上涨速度快，这点是非常重要的。当人们生活水准不断提高时，犯罪率、种族间的紧张关系、劳工纠纷都在减少。这些强有力的证据证明福利制度改革是有益于经济发展，而不是阻碍经济发展。

为何福利制度改革如此成功的原因之一是这项措施使得基层民众更加对他们自己的生活负责。这种现象到处都是，包括 1997 年的“Promise Keepers”集会，1995 年在华盛顿举行的“百万人大游行”以及 1997 年发生在费城的“百万妇女大游行”。这些人数在40万人到100万人之间的大集会的性质是独一无二的，一个简单的原因是他们聚集在一起不是为了反抗一些错误的东西，而是为了讨论个人责任感、和解、补偿和自我授权。在 Margaret Warner 主持的 PBS 访问中，Detroit Free Dress 的记者 Lekan Oguntoyinbo 回答了“百万妇女大游行”的目的集中于什么方面的问题。

Margareg Warner：“那么你认为她们是更多地依赖她们自己而不是更多地依赖政府吗？她们到底依靠——”

Lekan Oguntoyinbo：“……相对于依赖政府而言，她们明显地更加依赖她们自己。我曾和一名妇女交谈过，她说，……政府不会把企业给我们去经营，政府不会教给我们那些黑人十分信奉的古老的价值观点，比如珍惜扩大的家庭、宗教，再比如尊敬、爱情以及那些使黑人在这个国家生活了几百年的东西，从奴隶时期到种族隔离时期。那些是政府不能立法的事情。我们需要恢复到那些不同的价值观念里去以至于它们能使我们的国家强大，能使我们为我们的社会做更多的事情，因为现在我们社会中存在太多的问题。政府不能够致力于解决所有的问题。”

显然，这些事情与以前的其他事情相比内涵是不一样的，它们的规模也更大。马丁·路德“我曾有个梦想”的演说拥有25万听众，并且仅仅只有7月4日国庆节烟花表演，空中表演和1965年约翰逊总统就职典礼可能比它大一些。新闻界对这些事件的评价主要集中于一些领导者的论战，但是它们疏忽了一点，因为这些事件表明基础的政治环境是支持个人责任感，而不是大政府主义。

上述观点的证据到处都是。关于自我帮助内容和乐观精神方面的书本销售量极多，而且上教堂的人数也在逐渐上升。人们试图解决那些以前留给政府解决的难题。换句话说，通过市场竞争建立起来的个人之间的信任程度在加深。另外，互联网也推动这个趋势快速发展，而且比很多人想像的可能发展的范围要远，速度要快。因为现在信息量的丰富程度及其易获性，平均每个人被提供的信息量比以前任何一个时刻都要多。这种能力不仅提供了对政府的监控，也提供了对企业的监控。所以个人授权是促进我们更有能力控制我们自己生活的推动力。

因此，相对来说比较容易地可以预测到继续提高个人责任感的政府政策的发展方向和将来5年到10年内基本改变政府和人们互相作用的方式的市场发展趋势。例如，1998年11月那次令人惊讶的选举中，明尼苏达州选出了一位新的州长Jesse Ventura。虽然许多人嘲讽不应让前职业性拳击手成为明尼苏达州的政府领导人，但是州长Ventura直率的演讲震撼了人们。下面是来自St.

Pawl 先锋报刊的一段摘录：

“在你生命中发生的每一件事你自己都必须以这样或那样的方式来负责。当你一生中犯了错误，你自己必须承认并接受这个事实。不要指望政府帮助你摆脱你所犯错误造成的后果，”他说，“这样的情况在今天太多了，当个人犯了错误，政府必定插手纠正其错误，将它改正确。那并不是政府应该做的事，也不是人们应该做的事，因为如果那样的话就破坏了核心价值观。”

有些人认为在一个州中，政府应建立方案逐一去解决问题，可是 Ventura 坚决反对这个观点。在最近一次明尼苏达州民意测验中 Ventura 的高支持率表明了许多明尼苏达州人都同意他的观点。

每当我看见这些人要求福利权利时，我就非常生气。他们根本没有权利去获得福利。福利相当于救济金，它是人们表达善意的一种行为，但它不是一种权利。我发现这些人当中有些人非常自私。他们认为他们有权拿走别人辛辛苦苦赚来的钱。我不能容忍这些念头，我会因此而彻夜难眠。”

Jesse Ventura 如此受欢迎并不是偶然的。联邦政府的确已经在改变政府政策，因此，政府政策变化的趋势将继续向个人责任感靠近，并远离政府责任感。信息时代正在改变所有的政治活动。

经济发展使它自身具备了创造机会的能力和解决那些许多人认为它不能解决的问题的能力。福利制度改革没有导致无家可归人口数量的增多，北美自由贸易协定（NAFTA）没有引起如 Ross

Perot 所说的工作机会的外流，而且预算过剩也并没有导致经济增长的减缓。自由市场已经在起作用，因而新时代正慢慢拉着政治家和投票者朝它所希望的方向前进。

一片石头和政府的第四个分支力量

为何大政府主义不可能有机会存在的一个原因是现在更多的美国人比在这之前的任何历史时期的美国人所拥有的股票要多。根据 Peter D. Hart 研究小组做出的由纳斯达克股票市场公布的 1997 年 2 月的一次彻底深入的全民调研报告中指出，43%的美国成年人或者持有通过投资信托公司购买的股票或者持有个人公司的股票——这也是 7 年前持有股票人数的两倍。随着投资者人数的上升，公众对那些对市场有负面作用的政治决策变得更加敏感。

因此，我们应不惜一切代价避免保护主义政策、税收和政府支出计划的增加。相反地，那些有助于市场运作的政策将更有可能地被推行下去。例如，1998 年 10 月 8 日，国会通过一项法令，具体内容是连续三年禁止州政府和地方政府对在互联网上所进行的交易征税。借此机会，国会促进了刚刚发育的市场的繁荣发展。新时代经济思想的有影响的支持者之一，经济学家 Larry Kudlow 已经表明在参议院通过这项法令的当天，有关科技领域的股票价格开始回升。任何改变这项法令的政策都将不利于投资者，并阻碍科技股票的发展。更重要的是，政策和市场反应之间的联系是很明显的。如今，不仅仅只有富人和公司才能感觉到政策变化的影响，现在每一个投资者（和每一个投票者）都比以前更愿意去了解政府政策和市场反应之间的关系。因此，由投资者组成的政府的第四个分支现在比其他三个都重要，而且这并不是一般的评论。当人们拥有石头的一片时，人们总想使石头保持坚固。

不难看出，最后结果是政府在将来任一时刻重新转向大政府主义都是非常困难的。更为重要的是，政府政策中那些提高个人责任感和加强市场运作的主要变化的机会将越来越多。同时来自于使用者和投资者的压力必定导致健康医疗、教育和能源以市场为基础进行改革。另外，包括一些个人储蓄账户的社会保险的部分私有化是有可能的。最终，在下一个十年里，税收术语的全部换新也是可能的。所有这些变化将继续使这种趋势沿着 70 年代晚期开始的减少政府干预市场的方向前进。虽然既得利益集团在与此方向上每一步的前行作斗争，但是没有一种权力能与个人权力相比，因此即使是最强大的既得利益集团也不得不被迫去勉强接受减少政府干预和提高个人责任感等诸如此类的常理。正因为这在过去 17 年里对金融市场是有益的，所以它将在新时代接下来的 20 年或 30 年里，继续扮演着对金融市场有利的角色。

第 五 章

货币政策：预测出联邦储备局的动向

第五大或最后一个支持新时代的趋势是通货膨胀率的下降。20 世纪 70 年代和 80 年代早期的高通货膨胀率破坏了财富创造进程，而相反 80 年代和 90 年代的低通货膨胀率为财富创造提供了一个有利的环境。深刻理解通货膨胀是如何削弱财富创造的途径之一就是看一下它对企业决策和人们生活方式的影响。一位顾客曾经告诉我一个有趣的故事，这个故事非常明显地表明了它的暗中危害的特点。

故事发生在 70 年代晚期。那时 Rocky Mountain—based 石油公司面临着一个难题。公司接收到大量它所卖出的石油的支票，而不断上升的通货膨胀使得利率上涨一倍，因此，等待这些支票去兑现（即备用货币）的费用是非常高的。为了减少支票得以兑现的时间，石油公司购买了一家小型银行。这次购买行为对公司重要吗？毫无疑问，答案是肯定的，非常重要。因为如果公司花去

5天时间在利率为10%的情况下兑现一张面额为2 000万美元的支票，那么公司损失的利息是27 397美元（几乎相当于雇佣一个工人的成本），所以每天那家公司为2 000万美元的支票准备储备金的价值就为5 479美元，而通过购买银行，他们可以减少两天的储备金。因为即使是很小的石油公司也有巨大的现金流转量，而高利率可以使储备金的费用增至每年几百万美元，所以购买银行对于减少成本来说是英明理性的决策。

但是，即使是拥有一家银行也不能使支票转账的时间缩小为零，而且随着联邦政府在80年代早期为了降低通货膨胀率将利率提高到20%以上，储备金的成本迅速上升。为了解决这个耗资巨大的问题，公司决定亲手递送支票——即使在与和休斯敦一样远的银行往来时——来更多地减少支票兑现时间。为了做成这件事，他们使用一架为该公司服务的绕全国飞行的飞机。有人确切地统计过每小时飞行的费用比公司现金流转量中利息的损失要少得多。

上述故事的令人吃惊之处不在于石油公司解决自己问题的独创性，而是它所表明的通货膨胀的潜在危害性。我们都清楚使用飞机去递送支票是一种资源浪费，而这个故事只是千万个此类故事中的一个而已。通货膨胀引起资源大量的不合理分配，并阻碍经济发展和财富创造。通货膨胀还使得建设计划的成本费用超支，诱导人们漫天要价从而失去自己商品的市场，同时也使得人们对任何一个企业计划都抱有极大的不信任感。

但是美国并不是仅有的一个遭受通货膨胀打击的国家。在南美洲，80年代早期处于极度通货膨胀时期（每年通货膨胀率高达10 000%），消费者一拿到工资就把它们全部花费掉，因为物价每天都在上涨，有时甚至以小时为单位，一小时一小时地往上涨。大多数巴西人有冷藏库，因此他们储存大量食物，而且不得不在这些食物价格涨得更高之前买下它们。在无通货膨胀的时代里，拥有冷藏库的人们仅仅是猎人或有许多孩子的家庭。由此可见，当通货膨胀无法控制时，人们不再按原来正常的情形下去做事。

这方面的例子是不胜枚举的，但通货膨胀的危害和它对经济的负面影响是非常明显的。当通货膨胀螺旋上升达到无法控制时，利率也随之上升，不确定性增加，价格被扭曲，有效税收增加，并且投资者不再投资于金融市场，而是转向投资固定资产。70年代晚期，分析家预测每桶石油价格为100美元，而且农田的价格会继续上涨。最终，许多银行，石油投资者和农民由于错误地下决定认为原材料价格将继续上涨，通货膨胀会继续恶化而不幸破产，因为一旦螺旋式通货膨胀停止，他们做的这些决定就毫无意义。

此外，在70年代通货膨胀爆发之前所做的决定也对整个行业的发展起到阻碍作用。例如S&L行业决定负担为期30年，以6%或更少的利率的抵押借款。当60年代短期利率在2%到4%之间徘徊时，这个行动是可行的，但是当短期利率因为70年代的通货膨胀上涨到原来的两倍，这些协会每天都会因此而损失钱。他们付给存款人的利息比他们在投资中获得的利润还要高得多。不管对 S&L 行业或它的行政人员有多少责难，行业中大笔资金的损失可以看作是 70 年代通货膨胀和由它引起的高利率的后果。所以通货膨胀可以破坏财富创造，损害经济增长。

消除通货膨胀对新时代非常必要，而且 80 年代和 90 年代通货膨胀的下降也是支持财富创造和经济繁荣的最重要的五大趋势之一。可是为了深刻理解通货膨胀，我们还需了解联邦储备局。与流行的观点相反，70 年代的通货膨胀不是由低失业率、预算赤字、美元的贬值或 OPEC 提高石油价格而引起的，也不是由工会要求提高工资而企业屈服引起的。所有这些解释都将通货膨胀归咎于一些不可控的外在因素，而实际上，这些外在因素是通货膨胀导致的结果而不是引起通货膨胀的原因。通货膨胀只能由一件事引起——那就是联邦储备局执行的错误的货币政策。

正如诺贝尔奖获得者 Milton Friedman 所说，“通货膨胀到处都存在，无论在何处都是货币现象的体现。”换句话说，联邦储备局因为其控制货币供给，所以总是导致通货膨胀产生的原因。这就是为何 Paul Volcker 和格林斯潘成为家喻户晓的人的原因。在过去 20 年里，自从卡特总统任命 Paul Volcker 为联邦储备局局长后，通货膨胀率就逐渐下降。今天，美国的经济处于价格稳定时期，并且正在享受长期艰苦与通货膨胀作斗争得来的成果。

这是一项工作，而不是可以信奉的宗教

理解货币政策的第一件事就是要明了保持经济活动中价格的稳定是联邦储备局的工作，就像飞行员的工作是使飞机安全着陆一样。如果飞行员犯了错误致使突发事件发生，即使那个飞行员最终仍能使飞机安全着陆，乘客也决不会为此褒奖他。同样的事也发生在联邦储备局上。倘若联邦储备局不小心犯了错误导致象70年代那样的通货膨胀现象出现，那么联邦储备局将会被嘲骂，但是如果联邦储备局正确地执行了它的工作，人们却会很少注意到此现象。显然，这并不是事实。格林斯潘被喻为我们经济发展的拯救者之一是因为在他任联邦储备局局长时彻底消除了通货膨胀。他被放在如此受人尊敬的位置的一个原因是选择实行什么样的货币政策是一件很困难的工作。另外，联邦储备局还有权调节利率的高低，这种权力能够立刻影响到每一位美国居民和世界上其他各国的居民。

但是，联邦储备局具备的调节利率高低的能力经常被误解。在联邦储备局董事会会议室里并没有什么神奇的按钮或杠杆可以调节利率的高低。为了升高利率，联邦储备局必须从银行业体制中撤出一部分基金使得那些基金变少。如果联邦储备局想要降低利

率，它必须将一部分基金放到银行业体制中以便使其基金丰富。换句话说，联邦储备局引起了联邦基准利率（银行将其多余的储备借给其他银行的利率）的上升或下降。当把利率调低时可以刺激贷款，但人们惟一可以多贷款的途径是联邦储备局确实将多余的货币放进银行业体制。

重要的是，如果联邦储备局的主要政策手段就是或者印刷新纸币或者不印刷新纸币，那么它的能力是有限的。让我们静下心来想一想，就能知道印刷纸币（或降低利率）并不能使经济繁荣。如果它能够创造财富的话，那么假币将是合法的，可是假币之所以不合法是因为伪造商几乎免费获得了巨额利润，经济发展也如此。如果联邦储备局印刷太多的纸币进入流通领域，我们短时期内都会感到很富有，但最终货币的价值会下降，也就是我们所说的货币贬值。联邦储备局能够毁坏一个社会良好的经济发展状况，但是仅仅只有价格稳定不足以创造出好的经济。价格稳定只是创造出有益于企业家创新的环境，创新才是能够创造财富的东西，所以联邦储备局并不能创造出财富。试着从另一个角度想，联邦储备局作出的政策可以对经济发展十分有害，但它有时也会促进经济活动的正常运行。

货币仅仅是一种商品。人们创造出货币因为它可以使生活更简单。起先，珍珠或贝壳被用来作为等价物来使用，然后是金和银成为一般等价物，但是最终纸币代替了所有这些东西因为纸币具有携带方便，易于长途旅行和便于计数的优点。货币能够储备并代表一定的价值，它消除了使物物交易能够执行的各种不同需要的差别。例如，对于像我这样的经济学家来说，很难找到一个管道工需要经济方面的意见。如果我将我的这种服务和某个愿意为此付出货币的人交换，然后再用得来的货币在将来的某个时期付给管道工作者作为其服务应得的报酬，这样做对于我来说应更具有生产性。由此看出，是经济学家、管道工和规划者的服务创造了财富，而不是货币创造了财富。货币仅仅是“商业这部机器里车轮的润滑剂”，而且只要它保持其价值不变，它就完成了它的任务，达到了使用它的目的。

货币的价值和任何商品一样，由它的供给和需求来决定。如果谷物大丰收，那么它的价格自然会下降。货币也是这样。如果联邦储备局印刷的货币多于流通中经济发展实际需要的货币量，那么货币的价值就会下降，并且由定义可知当货币的价值下降，通货膨胀出现。为什么这么说呢？因为单位数量的贬值后的货币只能买到比通货膨胀前少的商品。或换句话说，从货币的角度看，商品和服务的价格将上升。简单来说，就是通货膨胀使货币失去了它原先所有的价值。

Milton Friedman 在最近的一次采访中是这样描绘上述体系。他要求我们想像联邦储备局正在控制一座大厦里的暖气装置。如果联邦储备局将加热器的温度升得很高（即印刷太多纸币），那么整座大厦会变得很热（即引起通货膨胀）。相反，若联邦储备局关掉加热器（即印刷的纸币太少），那整座楼就会冷却下来，这就是所谓的通货紧缩——从货币的角度看即商品和服务的价格在下降。通货紧缩意味着货币相对于商品和服务来说在升值。

联邦储备的工作是保持楼中的温度适中。如果它能长期保持物价稳定，那么大多数人就不会再担心联邦储备局的措施，就像我们不用担心加热器里的恒温设置一样。可是，联邦储备局因为是人们在操纵它，所以总会犯错误。联邦储备局在 70 年代所做出的错误的货币政策就引起了巨大的灾难。迄今为止，在过去 17 年里，联邦储备局很少犯错误，可这并不是值得夸耀的事，因为联邦储备局只是在做它自己的工作而已。但因为联邦储备局经常犯错误，所以新时代的投资者必须习惯于货币政策。

保持平衡的措施

联邦储备局的工作就是将加热器调到适合的温度，但这是一件很困难的工作，因为对于恒温器调节的温度来说根本没有统一的尺度。况且，大厦的规模也在改变，这使得保持大厦适当的温度更加困难。这个对比完美地解释了 70 年代联邦储备局所的致使的通货膨胀的错误决定。那时，税赋沉重，并且对于任何超过 10 万美元的工资征收高达 70%的税率。政府支出从 1965 年占国内生产总值(GDP)的 17.2%迅速上升到 1982 年占 GDP 的 23.2%，而且政府管制的负担越来越重。根据联邦注册簿，一个登记所有联邦法令条文的册子，从1966年16 850页增至1980年87 011页，由此可以看出政府干预经济的力度。

本质上说，这些政策抑制了经济的发展就像一个泼冷水的人令大家扫兴一样，并且它们还使得大厦（即经济）变得越来越小。因为是由于这些政策才导致经济增长缓慢甚至退后，联邦储备局就会认为它的加热器的温度没有调节到足够高的热度，因而联邦储备局一直不断地快速提高加热器的温度，而这恰恰又恶化了已经存在的经济问题。这是一个恶性循环过程。资本收益税收迅速猛增因为它们是在以已经通货膨胀的利润为基础而被我们评估的，同时通货膨胀使得人们要付更高的个人所得税。所以经济越是因为这些通货膨胀的税收负担而增长缓慢，政府越是希望能够采取一些措施使经济重新繁荣，而这必然导致联邦储备局将利率降得更低。最后，加热器的温度调到如此之高，经济活动中的税收是如此之重，以至于只有很少的企业家能够生存下来。

错误的政府政策和引起通货膨胀的货币政策交织在一起必定导致通货膨胀进一步恶化。大政府主义扼制了企业家的创新精神，减少了新商品和服务的供给。宽松的货币政策和随之而来的低利率刺激了需求的增加。可是我们知道，无论什么时候，只要供给被抑制，同时需求被人为地刺激而增加，通货膨胀就会不可避免地发生。

VOLCKER 和格林斯潘的拯救方案

这种情况在1979年发生改变，当Paul Volcker成为联邦储备委员会的负责人时。他立刻关小了加热器，但是要消除70年代的通货膨胀是很艰辛的一项工作。Volcker在1979年在税收减少之前提高利率并消除了政府管制的负担。因此，利率迅速猛增至20%，同时美国经济在80年代早期遭受到两次严重的大衰退。

从本质上说，与70年代相反的政策在80年代受到垂青。当Volcker关小加热器时，里根总统实行减少税收，撤销对所有行业管制的措施，并开始削减政府支出的规模。这不但使得大厦能够扩大规模，而且也有助于促使它的温度下降。不言而喻，过度加热比以前大得多的楼房难度也应该相应增长。让我们回头看一下，联邦储备局本来是可以慢慢关小加热器，逐步提高利率的，但是当经济活动试图避免基金撤回所带来的一些剧烈痛楚时，联邦储备局不得不设法执行这个过程。因为从来没有一条毫无痛苦的路可以用来解决错误货币政策导致的后果。试想，企业是在高税收和高通货膨胀时就已经做出了决策；长期的劳工合同已经签定；税收和通货膨胀的避难所已经被提供大量资金，大量原材料的生产（如农田、油井、矿藏）已经发生；价格已经上涨至很高的水平。

停止通货膨胀的过程就是要和所有这些决定分离。

每一次只要联邦储备局长时期保持太低的利率，不合理的投资就会出现，而这最终必须被纠正过来。经济发展必须经历一个净化的过程，即使不要几十年，但经济发展还是需要几年的时间才能从不适当的政策带来的恶性经济环境中恢复过来。Volcker开始纠正经济活动中通货膨胀的过程，最终20年后的今天的经济发展就是这些努力的成果。

Volcker主张降低消费者价格指数（CPI）增长的速度，因而CPI增长的速率由1980年14.5%降到1986年1.2%的低水平。但是，这个过程并没有完成。1986年通货膨胀的小幅度下降是因为石油价格的迅速下跌。如果不将石油价格计算在内，CPI每年仍将以3.8%的速度上升，而且1986年服务产品的价格也仍会以5.0%的速度上升。为期30年的国债券的平均收益在1986年是7.78%，在接下来的5年里平均收益为8.55%。显然，债券市场并没有相信通货膨胀已经结束的言论，事实证明，它是正确的。

格林斯潘时代

最后一轮反击通货膨胀的战役留给了阿兰·格林斯潘去完成。Greenspan是1987年8月被任命为联邦储备委员会负责人的。今天，在Greenspan时代，债券投资者最终开始相信联邦储备局征服了通货膨胀。在1998年——石油价格下降的又一个年度——CPI只上涨了1.6%，但是在除去能源价格后，CPI上涨了2.4%，而服务产品价格上涨了2.5%，是1986年增长的1/2。但是即使如此低水平的通货膨胀还是被夸大了。根据Boskin委员会(Boskin委员会以Michael Boskin博士命名，此人是布什总统领导下的经济顾问委员会的负责人)所作的研究，CPI每年将通货膨胀夸大了大约1.1%。

Boskin委员会1996年报告中重点强调的一个问题就是“替代倾向”。一言以蔽之，这个问题是这样产生的：当一种商品比如鸡肉的价格上涨，消费者对此做出的反应是买一个比鸡便宜的替代物，如猪肉。因为CPI是一个“固定成分”指数，并且总是假设消费者每个月购买的每一种商品是相同的数量，这就是使CPI夸大通货膨胀的原因。劳动统计局正在想办法解决这些问题；但是，美国已经用其他方法，如“消费权重”指数来衡量通货膨胀的程度。当商业部门计算国内生产总值时，它估计通货膨胀是以每季度为基础，凭借消费额在GDP中的权重来调节通货膨胀。这种更为精确衡量通货膨胀的方法表明1998年通货膨胀率只上涨0.9%，而且是自1959年以来最低的增长率。

众多现象表明联邦储备局在同通货膨胀的斗争中已几乎取得胜利。渐渐地，债券市场也开始认识到联邦储备局将要消除通货膨胀。1998年，为期30年的国债券平均收益为5.58%，这是自

1977年财政部第一次发行为期30年债券的最低平均收益率。另外，为期10年的国债券平均收益率在1998年降到5.26%，而且是1967年以来最低的年平均收益率。虽然许多分析家认为债券收益率不会再继续下降，并且还能在1999年初迅猛上涨，但这并不符合事实。因为，在50年代和60年代那段通货膨胀率一直很低的时期，国债券利率远低于4.0%，所以随着新时代逐渐展现出的威力，只要联邦储备局继续执行减少通货膨胀的货币政策，国债券收益率将会又一次降到近40年没有出现的低水平。

预测联邦储备局的举措

新时代里最令人感兴趣的争论之一就是关于货币政策的执行，是选择通货膨胀还是选择通货紧缩。思路清晰对于投资者做决定是非常必要的，可是为了能够实现它，讨论不同的方法以及为方便联邦储备局采取措施而发展成型的理论是很重要的。

目前，有三种不同的模型来评价现行的货币政策：货币主义，需求学派或凯恩斯主义和供给学派。货币主义是最易理解的。货币主义者认为只是控制和监督货币供应就能够预测联邦储备局的措施和通货膨胀。这个理论是由 Milton Friedman 和 Anna J. Schwartz 提出来的，他们为此在1963年写了一本很有影响力的书，题名为《美国的货币史》。他们的理论虽然复杂，但是可被简单地阐述为当联邦储备局发行货币时，经济就会繁荣。但如果联邦储备局发行的货币太多，超过流通中实际需要的货币量，那么通货膨胀就会发生。例如，如果劳动力人数每年增长1%，生产力每年提高1.5%，那么经济活动每年只能扩大2.5%的生产量。可联邦储备局若每年增加发行的货币量超过2.5%，假如是3.5%，那通货膨胀率就是1.0%，当然，如果联邦储备局每年多发行10%的货币量，通货膨胀率将上涨至7.5%。为什么这么说呢？因为我们用比以前多得多的钱却只能购买到比以前少得多的商品。

虽然这个理论是经济学史中最伟大的突破之一，但是将这个理论应用于经济预测时，仍存在着许多问题。首先很难计算出流通中的货币量。在20世纪60年代Friedman和Schwartz写那本书时，几乎所有的货币都由银行来控制，因此，能够较精确地计算出货币量。但今天，货币市场的资金流动、互惠基金、美国海外分公司的存在、外国银行以及全球人们对美元的使用都使得要计算出美元的发行量是不可能的。例如，据估算超过一半的美元在美国境外流通，其次，生产力增长的估计经常出现重大失误。因此，如果货币的数量计算不出，并且生产力的估算产生了大的偏差，那么用控制货币供给来预测通货膨胀是完全不正确的。

凯恩斯主义或需求学派的货币政策最近几年也被证明是无用的。它通过分析经济内在指标而不是分析货币供给来建立货币政策的实施模型理论。例如，凯恩斯主义分析家认为经济年增长率不可能超过2.5%或失业率不可能降到5%以下而不引起通货膨胀。从本质上说，这与货币主义者的分析是一致的，只不过他们是通过不同的角度来说的。凯恩斯主义分析家假定任何超过他们所估计的经济增长极限的经济增长速度或任何低于他们所估计的“自然水平”的失业率都意味着联邦储备局发行了太多的货币。或者换句话说，经济增长如此之快的根本原因是因为联邦储备局将利率控制在很低的水平。

将这两个理论带回到Friedman所定的比例中去分析是十分有帮助的。如果不能计算出加热器散发了多少热量进入大厦，如果我们不能计算出大厦有多大，那么实行正确的货币政策几乎是不可能的。例如，虽然货币供给在最近几年里增长迅速，但是大厦也在扩大。新时代科技不仅增加了商品和服务的供给，引起生产力的迅速提高，而且全球对美元的需求也在上涨。美元的使用范围比以往任何时候都广泛。因此，用美元购买的商品或服务(联邦储备局试图加热的大厦)正在扩大。如果大厦在扩大，那么表现出来的货币的迅猛增加就不一定会导致通货膨胀的产生。

这促使我们形成最终的但简单地如何实现货币政策的观点，是有一个假设前提的,那就是几乎不可能测算出货币供给的数量。它还假设潜在的经济增长率也是不为人知和不确定的。因此，低失业率和快速经济增长并不必然导致通货膨胀，因为我们不知道如何计算出货币量，我们不知道经济增长的实际速度。供给学派认为想要知道联邦政府实行的货币政策是太宽松还是太紧缩的惟一方法就是观测货币政策和通货膨胀中敏感性经济指标。如果加热器的温度调节太高，这些指标将会闪烁警告的信号，这些指标包括黄金和商品的价格，美元在全球市场上的价值，收益曲线（或长期利率和短期利率间的跨度）以及实际的联邦利率水平。

供给学派的观点是正确的

供给学派关于货币政策的观点最能解释 90 年代的经济现象。在 1996 年和 1999 年间实际 GDP 平均每年增长 4.0%，连续两年失业率在 5.0%以下，并且货币供给每年以 6.5%的速度增长。根据凯恩斯主义和货币主义者的分析，这将会引起通货膨胀，但是事实相反，通货膨胀率在继续下降。因为大多数联邦储备委员会的委员相信这两个模型中的一个，所以他们对此感到很困惑。1999 年 2 月联邦储备局所举行的会议的备忘录中是这样阐述这件事的："但是，一些委员提到最近几年的经济现象，并由此认为通货膨胀的过程没有被大家很好地理解清楚，而且通货膨胀的预告趋向于越来越不准确。"作出这种承认是十分令人惊讶的。试想一下，这就像一群国家宇航宙局（NASA）的官员们承认他们不理解为什么他们能将人类载到月球上一样。

联邦储备局里成员如此困惑的原因是他们看到的是所有错误的经济指标。因为我们不能计算出货币供给量，并且因为经济增长率不可能有极限，所以货币政策的最好的恒温调节器是那些敏感的通货膨胀指标。

例如，在1992年和1993年，联邦储备局试图通过保持很低的利率来提高经济增长速度，实际上联邦储备局在经济活动中加入如此多的货币，以至于联邦基准利率在1993年降到了3.0%，与通货膨胀率相等。这意味着实际（或剔除通货膨胀后）的联邦基准利率为零。这个利率太低了，因为它实质上是允许银行间相互免费借贷。虽然经济并没有因为这些政策而迅猛增长，但是黄金和其他商品的价格却在猛增，黄金的价格从1992年低于1盎司330美元到1993年底上涨到1盎司高于380美元。测量17种敏感商品价格的Bridge/CRB商品期货价格指数到1993年为此上升了104%。此外，虽然长期利率在1993年下降了，但是短期和长期利率之间的差距却在扩大。差距的扩大表明长期投资者认为短期利率会不断上涨。

所有这些经济指标都是对的。在1993年和1994年通货膨胀率上涨时，联邦储备局把利率由3.0%提高到6.0%，并且为期30年的政府债券收益率从1993年底低于6.0%到1994年底猛增至8.0%，这是债券市场最坏的运作之一。

但是相反的事实发生在1997年和1998年。联邦储备局在这两年里保持联邦基准利率为5.0%，而通货膨胀却降至1.0%，这

实际联邦基准利率

联邦基准利率减去个人消费因素12个月内的变化值。

资料来源：联邦储备委员会，经济分析局。

意味着联邦实际基准利率上涨很快（见上图）。如此高的实际联邦基准利率表明联邦储备局将利率升得很高。结果是可想而知的。黄金的价格从1996年的1盎司超过400美元降至300美元，商品价格下降了20%，并且长期利率和短期利率之间的差距大幅度缩小了，这暗示了长期投资者认为短期利率将会下降，这些指标又一次被证明是正确的。联邦储备局最后不得不强迫去把利率降得更低，所以通货膨胀继续下降，长期利率降到历史最低水平。

这些敏感的市场经济指标是联邦储备局实施政策的最好的依据，他们不依赖潜在经济增长的估计，也不依赖于失业率的最低限制的估计，这些敏感性指标是测量真实温度的，而不是试图估计加热器是否关掉或大厦是否已经扩大。如果黄金的价格或商品的价格持续上涨，那么通货膨胀率有可能上涨。如果通货膨胀率就有可能上涨。这些经济指标回避了一场争论：即经济增长是因为联邦储备局实行太宽松的货币政策呢还是因为创新的增加？他们告诉我们联邦储备局的政策到底是什么。

联邦储备局，利率和通货膨胀

要想了解联邦储备局对货币政策很困惑的最好途径就是想一下他们对于最近经济发展的观点。例如在过去几年里，当联邦储备委员会委员清晨醒来打开CNN或CNBC或读报纸时，他们看到的只有令人难以置信的经济增长。失业率达到历史最低水平，股票市场爬升到令人眩晕的高水平，而且经济每年以4.0%的速率发展。当联邦储备委员会委员看到如此惊人的强有力的经济活动时，他们必须作出判断。他们必须判断出经济实力如此强大是因为企业家精神和高科技投资促进了潜在经济的增长还是因为他们采取了降低利率的措施。

这是一个很重要的判断。如果联邦储备局认为经济飞速增长是因为利率太低的缘故，并且因为为了降低利率而将大量的货币投入经济活动中，那么联邦储备局将会担心更高的通货膨胀，并被诱惑提高利率。如果联邦储备局认为经济增长是在其潜在表现出来的已增加的生产力的经济现象的恢复过程里，那么他们就不会担心通货膨胀，并且或者保持利率不变，或者可能降低利率。但是，正如格林斯潘所说："我们现在仍不知道……现在经济增长是国家或全球生产力更进一步提高的世纪现象的部分表现，还是我们仅仅只注意到在其他方面一般传统企业循环扩大背景下的一些不寻常的变化。最近生产力的提高可能仅仅是短暂的，是需求和产量增加的暂时性波动的人为现象。"

联邦储备局的困境将使得通货紧缩出现

负责人格林斯潘所承认的这个困惑，使我们对新时代里的货币政策下了一个最后的结论。因为联邦储备局相信经济迅猛增长不可能不引起通货膨胀，所以它将继续把利率抬升超过其应该在的水平。这样做产生的影响是联邦储备局将不能提供给银行业体系足够的美元变现能力，因而其结果必然导致通货紧缩。

实际上在近几年及将来的十年里，联邦储备局将执行与70年代相反的政策。那时就象以前已经提到的，高税收、管制和高的政府支出，严重扼制了经济的发展。不幸的是联邦储备局没有意识到他们对此其实是毫无办法的。他们仍旧继续执行降低利率的政策，企图以此使经济重新恢复。可是这样做却事与愿违，导致了通货膨胀的出现。

如今，90年代出现的比以前更低的税收更少的管制，更少的政府支出以及前无史例的更强大的科技革命促进了经济飞速发展。因为联邦储备局从需求的角度来理解整个世界的经济活动，所以它错误地将由此产生的强大的经济实力和低的失业率认为是过量的货币制造出来的。因此，它的第一反应就是提高利率，即使通货膨胀率已经降至很低的水平。

实施这项政策的结果只能是导致经济活动中出现通货紧缩。换句话说，当经济活动生产更多的商品和服务时，联邦储备局却抑制货币供给，因而从美元的价值含量看，价格在下降。这种情况已经发生在各种各样的农产品、商品和服务上，就象下面图表所表示的那样，黄金和农产品的价格已经几乎退回到70年代的价格水平。只要它们价格继续下降——并且现行货币政策所表现的趋势表明它们的价格仍会下降——通货紧缩就不可避免。更重要的是，黄金的价格是预示利率走向的极好的指标。如第二幅图表所示，黄金的价格已经预示着90年代利率的降低，并且将继续指引着利率的降低。

黄金和农产品价格

资料来源：农产品调研局，华尔街时报。

为期30年国债券收益和黄金价格

资料来源：联邦储备局，华尔街期刊。

出现在新时代的通货紧缩

通货紧缩已经影响到许多商品和劳务。最引人注目的是计算机的价格每年下降30%或更多。商品价格特别是农产品，在90年代晚期已降至1923年或1924年的水平，工业金属价格比80年代晚期下降了25%。下降较不明显的是耐用消费品的价格：汽车价格在过去两年里下降了1.2%，二手车的价格在过去3年里几乎下降了6%。

服务产品的价格，虽然并不很精确，但是根据政府统计资料看，仍旧在上涨。可是许多服务产品的成本却在大幅度下降，在线贸易和电话费用已经下降，而在线拍卖市场明显减低了飞机票价格和旅馆房间的平均费用。

新世纪出现通货紧缩有两个原因：第一，新时代飞速提高了生产力的发展；第二，联邦储备局继续保持很高的利率。这两个因素使得投资者很少担心将来几年会出现通货膨胀。这章中提到的敏感的反应通货膨胀的经济指标将会帮助你预测联邦储备局所要采取的政策。当金和其他商品的价格在下降，联邦储备局很少提高利率。但是如果联邦储备局在通货紧缩的经济环境下提高利率的话，商品价格将会进一步下跌。通货紧缩将成为经济继续发展的阻力。

只要价格下降缓慢，比如说每年以1%的速度下降，经济发展态势仍会很好。这很象工业革命那时的价格每年以0.6%的速度下降，并持续了近40年，在那样的情况下，消费者购买力会一年一年地逐渐增强，并且经济活动中很少会出现混乱局面。但是，如果联邦储备局让价格以每年超过2%的速度下降，股票市场和经济活动将会有麻烦。但在另一方面、债券却非常欢迎通货紧缩的现象。我们只需看一下日本就可理解。在日本，为期10年的政府债券收益率低于2.0%。

虽然，美国的政府债券收益率不可能降到2.0%，但是联邦储备局实行的通货紧缩政策将会使收益率在将来几年迅速下降。在新时代，通货膨胀仍旧会保持低水平而从中所获得利益，并将会继续趋使利率下降，同时维护有利于企业家活动的经济环境。

第 六 章

良性循环：五大趋势如何一起产生作用

尽管在 8 年里赢了 6 次 NBA 冠军，芝加哥公牛队里的成员却从来没有对此结果表示满意。虽然，列举出所有促使芝加哥公牛队得到如此荣誉的原因是不可能的，但是如果没有迈克尔·乔丹，公牛队将不可能赢得这 6 次冠军。更重要的是，迈克尔·乔丹不可能自己一个人就赢得比赛的胜利。支持迈克尔的队员也很重要，而且公牛队的教练 Pnil Jackson 是凝聚整个队伍的粘合剂。此外，没有其他伟大球员的支持（许多球员因为和乔丹打过球而成为明星），乔丹时代也不会象现在如此成功。

所以美国经济也是如此。尽管政治家和联邦储备局试图成为促进新时代的主干力量，但是科学技术才是创造财富的迈克尔·乔丹。如果没有新时代的科学技术和林肯的“天才的智慧”的理论，美国经济将不会经历过去 17 年里的繁荣。但是，仅仅只有科学技术那还不够，经济环境必须有利于科学技术的进步。全球化和自由贸易，财政政策向个人责任感的转变以及货币价值的稳定是支持财富的新时代的必要因素。

与迈克尔·乔丹不一样，科学技术对世界每个人来说都可获得，因此，经济增长和财富创造应该是一个全球现象。但是美国似乎是大多数报酬的获得者。日本正陷入可怕的经济衰退，欧洲经济停滞不前，尽管它实行新的单一货币即欧元。即使日本和欧洲象美国一样通货膨胀率水平很低，但是他们沉重的财政政策和僵化的金融市场阻碍了企业家的创新。其他主要经济情况，比如巴西、墨西哥、俄国和印度尼西亚继续在和通货膨胀及不适当的财政政策作斗争。除了英国和一些小国家，比如朝鲜、爱尔兰、新西兰和智利，美国是惟一能够让前几章提到的五大趋势在经济活动中共同起作用的国家。当它们确实一起作用时，这五大趋势发挥出来的影响力比从单个趋势中获得的利益要大得多。这些趋势在财富创造的良性循环中起作用，他们互相建立在对方的基础上，而且它们并不只是创造一个更好的经济环境，而且创造一个不断上升的经济潜力，这提高了许多公司的利润和股票价格，而且也是为新世纪投资者创造财富的源泉。

证　据

支持这五大趋势发展的证据到处都是。在1999年10月，美国进入它的第103个月的连续的经济扩张期——美国历史上最长的和平时期的扩张。在过去的4年里到1999年6月为止，实际GDP每年上涨了3.8%，是自1986年以来经济增长率最高的4年。而且失业率在1999年初也降到了4.2%，是自1969年以来最低的水平。另外，消费价格指数（此指数仍被言过其实）在1998年里只上涨了1.6%，是自1967年以来增长幅度最小的一年。甚至，绝对价格指数（一个比CPI更广泛、更精确的测量通货膨胀的指数）在1998年仅上涨了0.9%，是自1959年以来增长幅度最小的一年。经济的飞速增长和低的通货膨胀率结合在一起，促使股票价格连续4年的增长都超过20%。

这种极好的经济发展趋势并不是一夜之间就出现的。实际上，美国经济自1982年开始发展势头就已经非常好了。以前美国经济在最长的和平时期的连续发展的记录是92个月，从1982年11月到1990年7月，并且结束这次经济恢复的衰退期也是历史上最短的记录之一。这两个新时代的经济恢复期是历史上从未出现过的。从1854年开始的26次和平时期的经济扩张的平均时间长度为

29个月。对于美国来说，经历了两个连续的、时间为历史平均时期3倍的经济恢复期，并且中间只被8个月的经济衰退期所打断，这简直就是奇迹。从1854年起，美国经济从未经历过发展得如此好、时间如此长的增长期。让我们做一个鲜明的对比，在1969年和1982年时期里，出现过4次经济衰退期，加起来为42个月。

尤其令人惊讶的是那些潜在的破坏经济繁荣的灾难性经济事件竟出人意料地并没有削弱经济发展的劲头。例如，1987年股票市场的崩溃，80年代末期和90年代早期发生的信用危机和银行问题，1990年和1993年税率的增加以及1990年日本股票市场的暴跌，所有这些都被认为在威胁着新时代的发展；再如1994年墨西哥经济的崩溃，1997年亚洲金融危机的爆发，1998年俄罗斯债券的拖欠，1999年巴西货币的贬值以及美国历史上第二次弹劾总统事件的发生也被认为是对经济发展是严重的威胁。尽管这些事件都已经发生，但是美国经济的发展依然取得了巨大的成功。在1998年第四季度，美国实际GDP年增长率为6.0%，而德国经济却下降了0.4%。经济学家将德国低迷的经济状况归结为是亚洲金融危机和俄罗斯国家的经济问题导致的。那些相同的问题也应该损害美国经济的发展，但是它们并没有。美国经济基础牢固，就象建立在岩石上一样，并已能抵挡住曾经导致70年代经济衰退的风暴。更重要的是，已经创造出经济繁荣的五大趋势不可能这么快就消失掉。实际上，高科技领导下的经济的良性循环将继续推动经济高速发展几十年，只要这五大趋势保持完整无缺。

众多明星和支持他的配角

科技聚集着新时代的众多明星。理念和创新总是财富增加的源泉。无论新时代是和挖土机并存还是和卫星通讯系统联系在一起，我们都得学会用更少的资源生产出更多的产品，更快地分享信息或只是学会创造新事物。由此可见，科技是所有经济进步背后的推动力，但是今天的科学技术与以往是不同的。在计算机和电信驱使下形成的网络型经济已经创造出许多令人惊讶的机会。信息、资本和新理念通过光学纤维电缆以光的速度在传播，因此，利润增加的时代已经代替了利润减少的时代。竞争已发展成全球性的主旋律，效率已经成为企业生存的一把秘密钥匙。

全球性，即新时代的第二大趋势，是球队不可缺少的部分，潜在市场在扩大并且资本在全世界范围内快速自由地移动。科技使得整个世界越来越小，并且将资源和生产性设备进行了最适宜的配置，这在1817年，著名的经济学家David Ricardo就发现了“相对价值论”以及世界贸易是如何提高经济健康发展速度的。他指出，即使一个国家可以生产出地球上的每一种商品，并且所有商品的生产效率比世界上任何一个其他的国家都高，这个国家仍将从贸易中获益。实质上，国际劳动分工就象国内劳动分工一样创造了财富。例如，一位既会设计新的计算机微型集成电路片又具备汽车修理天赋的程序员，若他不从事编程而从事修理汽车的工作，他并不会从中获得最佳的经济利益，即使这位程序员修理汽车比其他修理技师水平高，程序员更善长于编程。因此，经济活动也是这样，只要程序员集中自己的优势就可增加更多的价值。

国际贸易扩大了机会选择，提高了竞争力，因此对财富创造是十分有益的。可是我们并不需要一个证明比的理论。在过去17年里，随着贸易壁垒的打破，世界贸易和投资比全球GDP增长的速度还要快。科学技术加速这个过程，而全球化又加速了科学技术的发展。利润递增定律说明了网络系统越是能吸引更多的人加入，网络系统的价值就越大。全球网络系统发育正处于早期阶段，而且随着它的扩大将继续增加世界的财富。

在科学技术和全球化相应作用中的又一个发展趋势是政府政策影响的加强。因为贸易的成本降至为零，所以税率或管制负担能够被企业或个人用来套汇。因此，那些把干预市场降到最小程度的国家将获益。反之，那些干预市场强度大的国家的利益将受损。一个有趣的轶事片断表明了个人对不断提高的税率的敏感性。在1996年德国政府搜查德国银行想发现它们有没有在帮助储户将其资金转移到卢森堡。卢森堡比德国税率低，而理性投资者都愿意把他们的资本转移到税率较低的国家。导致这些搜查出现的原因和导致欧盟希望其成员国提高税率以至于“不公正的竞争”不会出现的原因是相同的。但是，这是一场失败的战役。世界上只存在一个封闭的经济体系，那就是世界经济。如果它在经济增长中不付出惨重代价，欧洲大陆是不能够把自己和世界上其他地方分离开来的，科学技术正在逐渐打破各个国家之间的障碍，资本，劳动力以及生产设备流动的成本也在下降。

美国因为其相对较低的税率已经从世界各地吸引来巨额资本。证券行业协会估计1997年国外购买和抛售的美元证券已经增至12.7万亿美元，比1980年增加了64倍，而且也比1990年增加了200%。它们中的一些投资是被美国快速增长的经济和其创造的机会而吸引来的。反过来说，外国货币的贬值和经济条件的恶化也是引起资本外流到美国的原因。可悲的是，美国是从其他国家没有挖掘出的经济潜力中而获益的。这种获益包含着警示的祝福。因为美国从其他国家实现它们自己的经济增长潜力和强大的全球经济中获得的收益总是比仅仅由于其他国家经济运行状态不佳而获得的收益要多。实际上，如果世界上其他国家经济发展程度比现在的水平高，那么美国的经济实力将会进一步壮大而不是被削弱。经济增长是没有界限的，全球经济一体化并不是在零基础上发展而来的。

在80年代，许多经济学家预言日本和德国将会主导世界经济潮流，而美国经济会落后于这两个国家。今天，那些具有相同悲观主义论调的科学家仍旧担心会出现恶劣的经济条件以至于阻碍到美国经济的发展。可是任何一种忧虑都不会困挠投资者，只要美国继续执行正确的政策。试着想想这个例子，如果你的孩子不幸患上感冒，但是由于你长期以来一直保持适当的睡眠时间、进餐速度并坚持锻炼，所以你不可能会被传染上。在另一方面，如果你长期以来经常熬夜，旅途过度，吃饭速度太快，忧虑过多或正专注于写一本书，那么你可能会不可避免地传染上疾病。我举这个例子要表明的观点是美国采纳正确的政策已有很长一段时间了。通过实施适当的政策，我们吸引来世界各地的资本，这样就能促使发明和创新以更快的速度发展。因此，美国生产力迅速提高，工资增长的幅度比通货膨胀率快，并且利率在不断下降。此外，美国经济看似对全球经济灾难具有免疫力。

从整个球队（即综合的经济要素）中获得最佳收益

上面描述过的各种压力迫使政府和投资者从另一个角度来审视财政政策。如果为了支付福利金和失业救济金而采取的提高税率的措施引起资本外流并减缓经济的增长速度，那么这种经济的发展就会受到损害，甚至，解释这类事件前因后果的联系现在也很容易得到。在过去，关于政府影响力的争论大多具有政治化和戏剧化的特色。在新时代，它与以前完全不一样。我们可以从70年代美国经济崩溃的现象看出政府管制经济已经开始受到人们的怀疑。实际上，国王的衣衫正慢慢地被褪去。自从70年代末期以来，当美国开始放松管制，缩小政府支出在GDP中的比重以及减少税收时，我们就已走在繁荣的道路上。

企业家必须被允许为他们所冒的风险而获得报酬。高额税率会减少这些报酬，而相反，低税率会增加企业家的报酬。有趣的是，政府实际上是受益于有活力的企业的。在1998年，美国实现了自1969年以来第一次预算盈余。首先，因为可被征税的工资和资本收益比通货膨胀率的增长快得多，所以税收在迅猛增加；其次，政府支出在GDP中的比重剧烈下降。虽然大多数政府支出下降的出现是因为防御性支出的减少，但是低失业率和不断上涨的个人收入减少了人们对政府提供服务的需求。实质上，科技繁荣正创造一个有益于它自己快速发展的环境。由于预算盈余现在被估计是如此之多，以至于政府必须认真考虑一下减少税收的措施的执行。

保持球队的核心力量

虽然许多政府政策的负面影响现在已被人们深刻理解，但是没有任何东西可以保证政府活动不再返回到从前的错误轨道上。毕竟，美国政府是在20世纪20年代和60年代的繁荣时期实施了

Smoot-Hawley 关税法令和政府支出计划的。这些政策都严重损害经济的发展和投资者的利益。但是，新世界的政策已经在改变。下面关于对芝加哥公牛队的分析会帮助我们理解这个观点。

在所有芝加哥公牛队的球员中（或可能是在所有 NBA 球队中），丹尼斯·罗德曼是最灵活和最善变的球员。尽管他是球队中最好的后卫，但是没有人知道他下一步要干什么或他的行为会对球队产生什么影响。在 1998 年赛季，公牛队为了约束丹尼斯的行为和他签订一个包含特殊奖励性条款的合同（价值百万美元）。这些约束行为的条款使罗德曼在 1998 年很富有，并且他对球队的成功做出最大贡献。

尤其是在美国，新时代为政治家和政策决定者提供相同的机会。首先，至少 43％或超过 1.2 亿的美国人持有股票。因此，不适当的政策将会比以前影响到更多的个人和投资者。有助于经济和金融市场发展的正确的政策将会得到报酬，而相反错误的政府政策会受到惩罚。1992 年克林顿参加总统竞选时打出的主题就是“笨蛋，这才是经济。”这是一个完善的竞选策略，而且 1992 年美国经济的疲软导致乔治·布什竞选的失败。更重要的是，美国不断增强的经济实力帮助克林顿总统抵抗住围绕在他政府周围的流言蜚语。

世界上的道理都是这样的。科尔在 1998 年败给施罗德，失去德国总理职务的绝大部分原因是因为在他执政期间德国出现的低迷的经济。10 月初，仅在施罗德赢得竞选的第四天，他就从新时代里得到一个重要的教训。他在巴黎发表演说，表明他非常支持法国为了阻止类似1998年金融危机事件的发生而采取的加强对国际资本流动控制的措施。他说，“需要加强对资本流动和金融体系的控制，否则它可能会严重损害经济的发展而不仅仅是只暴露经济活动中的问题。”

市场对施罗德演讲的反应是剧烈而痛苦的。德国股票市场价格随着德国DAX指数下降5.5%而在第二天降到一年中最低点，而且另一个范围更广泛的市场Xetra DAX也下降7.6%。

施罗德总理从这次事件中吸取了教训。8天以后，当重申他关于市场投机活动和资本流向的观点时，为道琼斯工作的一位记者就这样写施罗德。他说施罗德“不想对任何提出来的管制加以细节上的讨论”。这表示他已经慢慢从原先的观点中走出来。在1998年11月初施罗德发表总理就职演说时，他的演讲内容已经变得不太具有尖锐性或激进性。“我们不再支持右翼或左翼的偏激的经济政策，而是要支持社会市场经济的现代政策，”他在宣誓两周后第一次对德国议会作演讲时就是这样说的。

尽管施罗德演讲内容的主旨发生了改变，但是他的金融部长Oskar Lafontaine对基本经济发展势头没有作出任何反应。作为一个社会学家，他提出要对富有阶层提高纳税税率，把资源进行重新分配包括将资源分配给无工作的人，并提倡一周32小时工作日制。他坚持自己的信仰不管1998年第四个季度德国股票市场行情下跌以及GDP下降了0.4%的事实。最后，由于各界压力随之而来，在1999年3月11日Lafontaine递交了辞职书。在他辞职后，DAX股票指数迅速增长超过5.0%，在股票交易的那一天曾超过7.0%的水平——几乎和700点道琼斯工业平均指数相等。施罗德在第二天记者招待会上感受到投资者的情绪，他说："我计划减轻企业负担和减少需要我们关怀的社会中那些发展不完善的部门。"虽然这些措辞被精心加工过，但是这次声明又一次表明了施罗德迎合市场发展趋势的决心。

德国政府尤其是施罗德观念的转变和克林顿总统在1993年和1996年间发生的变化类似。克林顿总统放弃了把美国健康医疗系统收为国有的措施，并宣称大政府主义结束了。新时代已经创造出一批对政府政策变化反应果断、敏捷的新型投资者。这个"政府第四个分支阶层"已经成为约束政治家行为的巨大势力，就像丹尼斯·罗德曼所签订的合同使其不得不强迫自己改变行为。全球市场的发展已经剥夺了政治家管理经济的权力。在信息匮乏和资本流动慢的时代曾经赋予政治家的权力现在已变得毫无用处。

我们的货币

在篮球比赛中，球员总是依赖于篮球和篮筐的尺寸大小一样，无论他们是在什么地方参加比赛。假想一下若每个体育场篮球或篮筐的大小都不一样会发生什么事。球员在训练中而不断提高的球技将会毫无用武之地。如果球员从来不和相同尺寸的设备练习打篮球，那么他们用什么样的设备进行训练呢？感谢上帝，篮球比赛并没有以这种方式进行。这也在许多方面解释了为什么硬货币是如此重要的原因。货币就相当于经济活动中的篮球。经过几年的训练后，我们提高了商业技能和敏锐性，但是货币值的突然而剧烈的变化会使得我们所经历的训练成为徒劳。如果货币值每天都在变化，那么我们将不可能为未来作出打算。当通货膨胀率像 20 世纪 70 年代那样居高不下时，经济活动会受到损害。这是因为消费者在货币值是如何变化的基础上作出决定而不是因为潜在的经济基本要素。

当通货膨胀率很高时，消费者会在他们需要商品之前就购买好它们，公司将投资于它们暂不需要的新机器，而工厂管理者只得保留比他们所希望的大得多的库存，因为他们都知道价格在将来会上升。并且当通货膨胀率很高时，利率也随之提高，这导致未来收益的价值含量降低。更为重要的是通货膨胀会提高经济的不稳定性。这种不稳定性妨碍了那些必须对将来作出预测的企业家取得成功。

这就是为何第五大趋势，即通货膨胀率的降低在新时代是如此重要的原因。低通货膨胀率不仅有利于经济的发展，而且新时代经济也有助于保持通货膨胀率处于低水平。生产力的提高已经允许经济活动用更少的资源生产出更多的商品；全球化和管制的撤销已经提高了竞争力和效率。这些变化中的每一个都使联邦储备局的工作——即执行管理货币的政策和维持低通货膨胀率——更加容易。

在 70 年代，经济发展并没有建立在稳固的基础上。因此，即使是货币政策中的小错误也可能使经济衰退或导致通货膨胀率螺旋式上升。今天，美国经济实力是如此强大以至于货币政策始终很稳定。例如，在 1995 年 2 月和 1999 年 2 月间，联邦基准利率保持在 6.0%和 4.75%范围内——这是联邦基准利率四年周期内差距最小的一段时期。尽管新闻界和投资者非常关注联邦储备局采取的政策，但是实际上政策的变化很小。

因为联邦储备局已经集中于维持低通货膨胀率，所以这表明新时代已经取得了进展。低通货膨胀率增加未来经济发展的稳定性，允许人们以更有效的方式利用资源。这些发展变化促进人们对新时代科技进行投资,而且这种投资行为促进了生产力的提高。高度发达的生产力反过来又提高经济发展速度并降低通货膨胀率。在经济良性循环内的这种良好环境，增强了其他四大主要趋势的发展势头。另外，低通货膨胀率可以加强美元货币值的稳定和增加了投资于美国的资本。低通货膨胀率还通过慢慢提高个人所得税的等级和通过避免出现 20 世纪 70 年代提高资本收益税率的资本投资的膨胀来减小有效税率。

有趣的是，几年来从总体来看，联邦储备局一直很担心通货膨胀率增长的潜能。实际上，1997年格林斯潘主席在美国议会上说联邦储备局“感到很困惑，不明白发展水平高和能使经验不丰富的工人得到就业机会的经济体系是如何使通货膨胀率处于低水平的。”这种我们在前一章已有所了解的困惑来源于一个事实，那就是联邦储备局相信经济增长是有限制的，而且无论什么时候只要失业率降低到一定的水平，工资和通货膨胀必然会上升。因为这种是对供给学派模型理解的偏激的观点，所以通货膨胀在未来几十年将不太可能成为经济发展的障碍。

因为高科技生产力的不断提高，经济实力会继续壮大，并且只要联邦储备局认为这种强有力的经济增长下是存在通货膨胀的，它就会将利率维持到高于其自然降低到的水平。鉴于这项措施，他们将会使流通中发行的货币量比世界上实际需要的货币量少，因此美元的价值会随着通货膨胀率的继续下降而上升。投资者目前惟一关心的事不是通货膨胀的潜能，而是关于通货紧缩的预期。轻微的通货紧缩是好现象，但是任何超过2.0%或3.0%的通货紧缩率都会给经济带来负面影响。其原因是利率不可能降至低于零的水平。当通货紧缩扩大到无法控制时，它比通货膨胀带来的危害要大。我们只需要回顾一下通货紧缩对30年代的美国经济和对这些年来对日本经济产生的影响就不难得出上述结论。在这两个国家中，没有一个国家愿意即使在很短的时期内将利率降到低于零的水平，因为只有如此低的利率才能刺激经济活动。

综合起来看五大趋势

前几章所列出的五大主要经济趋势是在新时代能够积累财富的潜在原因。它们也是经济和金融市场在未来 20 年到 30 年里繁荣的原因。这五大趋势在良性循环里起作用，并且能够促进经济快速增长，降低通货膨胀率和创造财富。

企业家的活力和科学技术正在提高生产力和经济效率。更小的政府支出、管制的放松和不断降低的利率已经为创新创造了一个更好的环境。反过来，丰富的工作机会，上涨的收入和大范围的投资迫使政府减少其对市场的干预。由于今天市场上有超过 1.2 亿股票持有者，所以对政府的政治压力由支持重新分配而转变为支持财富创造。科学技术限制了政府管制的效用。此外，低通货膨胀率为长期投资创造必要的环境，而这也使得货币政策更易实施。

虽然这些趋势的变化不太可能发生，但是一旦发生变化，这将是新时代结束的惟一的原因。下一章我将讨论当估计到这五大趋势变化的前景时，投资者应该注意些什么。时刻警惕应是投资者具备的良好品德。

第二部分

为即将来临的繁荣构架你的资产组合

第七章

威胁新时代的四个因素

1999年1月，迈克尔·乔丹第二次退役的那一天就预示着芝加哥公牛队辉煌战绩的结束。公牛队在没有了乔丹后黯然失色，与以往的战斗力根本无法相提并论。1999年赛季，很少有人观看芝加哥公牛队的比赛，全国性电视台对它也不再感兴趣，灿烂的时光已经过去。这个对所有有生命的事物的生存和死亡的暗喻渗透到了经济和金融市场的各个思考领域。每一件美好的事情都会结束，每段经济繁荣期都会被衰退所代替。这看似是很自然的假设，而且和悲观主义者的想法一样。悲观主义者认为繁荣必将结束，而且目前仅存在的一个问题就是什么时候经济发展会慢下来。但是，这种关于经济活动的看法完全太悲观了。经济发展不受时间控制，它不可能对繁荣感到厌倦，况且能够使得经济繁荣走向萧条的不是其他的东西，而是**政策的失误**。因此，在我谈及新时代投资决策前，投资者必须学会认识哪些政策的失误会带来经济的衰退，这一点非常重要。

历史上各个时期都存在着经济昌盛的国家，这些国家或者经济曾完全崩溃过，或者遭受过困难和长时期的经济衰退期。许多分析家认为这些经济情况的出现只是运气不好，但是幸运在财富创造中只起到一个很小的作用。当投资者和企业家偶然发现促进经济飞速增长的创新时（如计算机），政府实行的政策就显得更加重要。我们所看到的客观的历史事实表明只有政府政策的失误才会导致经济繁荣的结束。我在这里将芝加哥公牛队辉煌时代的结束和美国经济及金融市场快速发展的结束进行比较：科学技术——经济活动的迈克尔·乔丹——在未来几十年内将不会退休。我们从科技和网络式经济中获得的利益只是刚刚开始。这样，其他配合的球员——全球化财政政策，政治文化的趋同和低的通货膨胀率——是非常重要的。

政策决定的失误不仅可以阻碍经济发展的过程，而且还可能结束繁荣的经济时期，历史上一些著名的事件就清晰地展现了这个观点——1929 年经济的崩溃和 30 年代的经济大萧条，70 年代美国经济大衰退和 1990 年日本股票市场的暴跌。每一次市场崩溃或每一段经济停滞期都可归咎为政策的失误。更重要的是，从这些事件中，历史暗示了投资者必须警惕对新时代经济发展存在威胁的四个要素：

- 保护主义和政府对市场竞争的干预
- 大量的政府管制和政府支出
- 税收的增加

·易引起通货紧缩或通货膨胀的货币政策

为了透彻理解这些能够带来威胁的要素，我们必须分析以往财富迅速积累的经济时期，并要分析它们为什么会结束。通过这些分析，投资者就能预防这些要素，使经济继续繁荣下去。

经济大萧条

就像一个古老的传说所言，1929年股票市场的暴跌和30年代的经济大萧条是由市场中的泡沫经济引起的。1999年3月，《反向投资战略》的作者，《财富》杂志的专栏作家David Dreman把1999年美国股票市场等同于南海泡沫事件和1929年的市场情况，他写道："事后表明在1929年经济崩溃前夕，股票市场普遍被要价过高。"不管这种关于美国市场的相对流行的观点，1929年股票市场被过高估价的现象并不明显，实际上，20世纪20年代的美国就像前几年它所经历的一样生产力迅速提高，利润迅猛增加。另外，生产线和电动机技术的发展推动了股票价格的提升，并且促进了经济快速发展。

虽然许多人可能认为股票市场的暴跌只是因为它被要价过高，并且可能认为是泡沫经济引起了30年代的经济大萧条，但是，实际上引起1929年股票市场崩溃的原因应归咎于政府政策的失误。这些政策的失误，导致了其他引起大萧条的因素的出现。可是过高估价的市场和无理性的投资者要被责备的一个原因是政策决定者本能地将这些问题的出现不归为他们决策的失误，而是归结为那些他们不可控的事情。比起责备错误的政府决策来说，责备无理性的个人或坏的运气是容易多了。毕竟，政府通过保护它的地盘不受侵犯来使它的既得利益不受损失。前联邦储备委员会负责人Lawrenie lindsey在他的《1999年经济操纵者》这本书中写道："人们之所以在危机中寻找替罪羊正是为了保住我们的这个体制。"Lindsey所叙述的体制就是指政府经济机构的体制，将出现问题归咎的原因，从这些社会机构身上转移到个人或"无理性的市场"上，这种行为会使这些社会机构引起的问题永远存在，并且保存下来的整个体制会再次引起更大的混乱。

政府的这些社会机构和联邦储备局易导致两种问题的出现。第一个问题，他们所使用的经济模型从根本上来说是有缺陷的。他们认为经济发展的动力是需求，而不是供给。换句话说，他们认为股票价格的上涨反映的是对股票的大量需求，而不是反映由于科技进步和企业家创新而带来的许多公司将来收益前景的根本性改变。借助需求派经济模型来观察全世界后，政府属下的社会机构和那些领导他们的负责人渐渐相信经济活动是可以被管理的。第二个问题，已经发展壮大的社会机构和它们支持的政治体系都受既得利益集团的驱使——包括政治和经济的利益。

在20年代和30年代，既得利益经济集团曾极其轻信地认为它可以管理好经济活动的政府，找到一个重要的联盟者凯恩斯。凯恩斯认为管理经济是政府的工作，并且个人在经济活动中会犯错误。在凯恩斯理论的领域里，个人储蓄太少，而消费太多，并且将资产价格出价到不合理的水平。根据凯恩斯理论，指导投资方向，重复分配工资和管制利率水平这些都应该是政府的工作，只有这样，经济才能更有效地发展。

在1929年经济崩溃后，凯恩斯理论的影响力增强，是因为他的关于管理经济的理论找到了适合其存在的沃土。实际上，在20年代，联邦储备局就已经利用调节利率来管理经济活动，而在大崩溃以后，寻找替罪羊的过程开始了。许多人都认为，20年代联邦储备局的负责人Bejamin Strong在1927年8月实行的将现率从4.0%降到了3.5%的政策刺激了股票市场价格的上升，并引起了一系列问题的出现。随着利率的减少，股票市场价格迅速上涨，许多人认为联邦储备局应该采取一些措施制止它，但是，尽管政府在1928年将利率由3.5%提高到5.0%，但是股票价格仍持续上涨。因此，有些人认为联邦储备局应该把利率提得更高来平息华尔街引人注目的疯狂性投资。

1998年中期，为《纽约客》这本杂志撰稿的作者John Cossidy也把美国经济和90年代股票市场情况及20年代的经济景象进行对比，并认为联邦储备局应该提高利率来避免象1929年那样的经济大崩溃。在他对1929年经济崩溃的分析中，他将错误的联邦储备局政策追溯到1929年2月5日的那次历史性的会面上。在那天纽约联邦储备银行的行长George Harrison访问了联邦储备局的负责人Roy Young (Strong的接班人)。他请"Young立刻把联邦储备局贷款给各银行的利率从5%提高到6%——这个举动通过提高借钱的成本来减少投机性行为。"根据Cassidy记载,"Young担心提高利率可能会促进股票市场崩溃而不是防止一场灾难。因此他拒绝了Harrison的请求,并且直到8月份才改变贴现率(从5%提高到6%),但到那时已经太晚了。"

Cassidy关于1929年经济大崩溃的观点从传统上来讲是明智的,但是这个观点却令人置疑,实际上,Young起初的看法是正确的,而且1928年和1929年联邦储备局提高利率的措施确实是引起经济崩溃的主要因素,大多数专家在分析20年代末期的经济现象时容易忽视美国当时正处在通货紧缩期。因此,为了清除不断上涨的股票价格的现象而实行的提高利率的政策实在是最坏的政策。虽然黄金的价格因为全球固定汇率体制而保持不变,但是其他商品的价格在下降,在1925年到1929年间,白银的价格下降了25%,消费者价格指数连续五年都在下降。这些价格下降的原因表现在两方面:经济在迅速发展,生产力在不断提高,而联邦储备局实行的政策使得由科技促进其发展的经济和繁荣的股票市场无法应付。在通货紧缩时期,通过把利率由3.5%提升到6%,联邦储备局才使得通货紧缩的现象更加恶化。通货紧缩降低了商品的价格,夺走了企业的利润。农民和纺织品生产者不但不把价格下降这种现象归咎于联邦储备局实行政策的错误，而且还将其归咎于国际竞争，并且强烈要求国会通过保护贸易的法令。

1929年国会通过了Smoot-Hautey关税法案，1930年总统胡佛在法案上签字使之成为法律。这个法案规定对许多商品征收超过30%的关税，因而大大减少了世界贸易量。Jude Warniski在他的《The Way the World Works》一书中详细描述了1929年和1930年间Smoot-Hawley法律对股票市场的影响，在书中他非常仔细地追溯Smoot-Hawley法案在国会中通过的过程，并且表明每一次这个法令在其认可过程中迈出的一小步，股票市场相应地就下跌一点，而当法案受到抵触时，股票市场价格就回升。尽管股票市场已经表现出这样一些现象，但是Smoot—Hawley关税法案最终还是成为了美国法律。这就将联邦储备局实行的货币紧缩政策带来的后果转变成股票市场和经济的大崩溃。

有趣的是，那些指责联邦储备局在20年代将利率降得太低的行为的人们不能够解释为什么通货膨胀却从未发生。实际上，30年代被证明是美国历史上经历的最严重的通货紧缩期，而且联邦储备局政策的失误使得20年代末期以每年大约1.0%的速度上涨的轻微的通货紧缩一下子变为30年代早期以每年10%到15%的速度上涨的严重的通货紧缩。新经济政策中政府支出计划以及为了支付政府支出的税收的大量增加而阻碍了以后几年经济的发展。另外，存在大量管制的经济环境在30年代建立起来，因为凯恩斯让人们相信是市场失败而不是政府政策的失误导致了经济问题的出现。因为政府实行了凯恩斯主义提供的治疗方法，所以直到30年代末期经济仍停滞不前，失业率仍是以前的两倍。

70年代的经济弊端和停滞

1965年到1982年这段时期是美国历史上股票市场最悲惨的17年。在剔除通货膨胀因素后，投资于股票市场的人们发现这个时期所得的利润为负数。这种现象让投资者明白股票价格并不总是上升的，投资者原本可能从股票和证券中获利，只要他们投资于短期货币市场工具。

这一时期的经济萎靡不振的现象是可以被预料到的。因为那时实行的政策和美国在现行财富的新时代里实行的政策恰恰相反。约翰逊总统在1965年开始实行大社会计划，因而使得政府支出从1965年占GDP的17.2%迅猛增加到1982年占GDP的23.2%。为了应付政府支出的增加，税率被相应提高。在1965年，个人所得税率少于25%，而到1981年相同的人都要付高于35%的个人所得税。管制的条文在这段时期又增加了。因为在联邦注册的页数从1966年到1981年增加了416页。

大社会计划时期关于重新分配、提高税收和加强管制的财政政策就象泼冷水的人令大家扫兴一样地遏制了经济的发展，限制了生产力的提高，减缓了财富创造。经济增长的缓慢又引起联邦储备局用提高利率去促进经济的增长。最终，美元和黄金固定汇率,其他主要货币和美元固定汇率的布林顿森林体系慢慢解体。当联邦储备局发行大量过剩的货币时，外国人开始需求黄金而不是需求美国证券，而美国因此不得不降低美元对黄金的比价。由于美元的贬值，美国经历了巴西、泰国和马来西亚在过去几年里所经历的经济大动乱。

恶性循环

60 年代和 70 年代的政策导致了经济问题的恶性循环，高额税收限制了创新，生产力增长缓慢，出现了有利于产生通货膨胀的经济环境，并且联邦储备局将经济增长的缓慢错误地认为是紧缩的货币政策导致的后果，因而又实行了宽松的货币政策，进而恶化了已经存在的通货膨胀。高通货膨胀率增加了经济的不稳定性，迫使人们支付更高的税收，并引起利率的上涨，结果只能是带来经济的更不稳定性，市盈率的下降和企业利润的减少。另外，交替运用的通货膨胀和通货紧缩的货币政策，1969 年和 1982 年间的四次经济衰退——美国历史上经济条件最恶化的时期之一。

有趣的是那时的大多数经济学家和今天的一些经济学家没有

了解清楚这次恶性循环的实质。传统观念认为OPEC和其他一些不受政府政策控制的问题是引起一系列打击经济活动问题的原因，那些相信政府可以管理好经济的经济学家拒绝承认是政府管理经济的失误引起了70年代经济的滞胀。但是很显然，当这些政策得到改变，80年代早期的高失业率和高通货膨胀率就都结束了。试图避免不恰当经济政策对经济破坏的投资者应该认真考虑70年代的那些证据。

从日本学到的教训

另一个著名的引起金融界大动乱的市场失败的例子是早有隐患的1990年日本股票市场的崩溃，这个曾经是经济大国的大隐患终于显现。在80年代中期，日本经济被认为是在世界上起主导作用的经济强国，并且到1989年日经指数已经上涨至接近40 000。然后经济开始出现问题，到1992年日经平均指数跌破16 000点。今天，日本政府的债务已经膨胀到超过GDP的100%，日本银行有超过1万亿美元的呆账，失业率达到了前所未闻的记录，并且经济正处于至少持续两年的衰退期。

许多经济学家又一次忽略了问题的关键因素。传统观念认为股票市场和不动产都处于泡沫经济时期，当泡沫破灭，经济繁荣的时代即将结束。但是象其他经济灾难一样，这个理论也忽略了政府决策的失误。1989 年 4 月，日本在全国范围内实行了 3%的增值税。1990 年 1 月，日本将资本收益率从 0 增至 2%。在消费和投资方面税收的增加，结束了日本经济发展的奇迹。除了税收的提高，日本中央银行还在 1989 年 3 月和 11 月间将短期利率从低于 4.0%增至 6.5%，而不顾通货膨胀率在 4 月份增值税增加前仅为 1%这样一个事实。因此，日本经济同时处于通货紧缩和停滞状态。虽然日本股票市场在 1989 年很有可能被过高估价，但是这些政策的失误，就同 20 年代美国政策的失误一样，把市场对经济活动的纠正变成了经济的大崩溃。从那时起，日本企图实行历史上已证明不起作用的凯恩斯主义的经济政策。在过去的 7 年里，日本企图通过投资 7 千亿到 1 万亿美元到公共工程里，以期走出经济衰退的怪圈。另外，他们还将短期利率降至 0.1%。但是日本经济继续在衰退。虽然关于日本货币问题的这个简短的历史遗留下了许多未被提及的问题，但是它确实包含了几点重要的内容。日本必须学会相信企业家的活动，并且停止政府企图对经济的控制。日本必须减少税收，撤销管制才能让经济重新腾飞。企业家的努力是企业创造财富的惟一途径，特别是对于新时代来说。就在写这本书的时候，日本政府开始采取正确的措施。1999 年 4 月，降低企业税率和个人所得税率的政策的实行可能正是日本经济所需要的解救之药，让时间来证明这个政策的对错。

四个威胁性因素

展现在这本书里的简要评论表明政府的政策在经济发展史中从来不是一个中立的因素。事实上，可能对新时代有威胁的四个因素中的每一个都与上述所有这些市场活动的失败有关。通过理解这个观念，如果政策决定者再犯这些错误，投资者就可以设法保护自己。保护主义、税收的增加、政府支出的扩大和不适当的货币政策对股票市场都是有害的。而对于债券市场来说，这些政策也都是不利的。通货紧缩使得利率下降，而通货膨胀使得利率上升。

市场是经济活动的监督者

虽然历史很明显地展示了不适当的政策对经济的破坏，但是政治家却总是经不住诱惑去使用他们的权力保护某种构成部分或去管理经济，但是市场再也不会允许这些错误发展下去。

例如，1998 年夏季末美国股票市场价格从 7 月到 9 月下降了

20%。很明显，俄罗斯、亚洲和拉丁美洲的经济问题的不确定性在加强。但是股票市场价格下降最重要的原因是联邦储备局把利率提得太高。

联邦储备局主席格林斯潘对于1998年7月21日股票市场的现象所发表的演说表明市场对联邦储备局政策的敏感性。1998年7月20日NASDAQ股价指数上涨到历史最高点，超过2 000点，并且在7月21日开始滑坡。这一天格林斯潘把政策执行的依据展现给国会看。为什么这么说呢？格林斯潘说，当市场期望利率减少时，联邦储备局还想提高利率。那时，财政部管辖的每一个市场利率都比联邦基准利率低（一条虚构的收益曲线）。市场指导联邦储备局去减少利率，因此，关于他们正在思考的提高利率的想法是十分有害的。

在NASOAQ下降20%的6个星期内，联邦储备局开始改变策略，在1998年9月4日当格林斯潘在加利福尼亚发表演说，表明联邦储备局想降低利率时，股票市场价格出现了历史上为数不多上涨最快的几天中的一天。联邦储备局政策的大转变表明了现在市场对政府决策的影响，但这并不总是这样的，只有在新时代，市场才能阻止政府决策者犯错误。毕竟任何一届联邦储备局、国会或总统都不愿意因为在他们任职期间出现市场失败而被载入史册。

暴风雨前的乌云

在这本书的写作过程中，乌云正出现在地平线上。日本、俄罗斯和亚洲的经济动乱不堪，巴西货币已经贬值，美国贸易赤字迅猛上升，保护主义政策的压力在增加。实际上，美国商业部门已经设立对欧洲几十种出口商品进行了征收关税，因为它将其称为不公平贸易往来。另外对日本和巴西钢铁制造商征收的关税及其配额限制阻碍了钢铁贸易的发展。微软公司正在接受司法部门的裁判，同时，联邦贸易委员会也正在仔细审查英特尔公司。联邦储备局将利率提得太高，并有继续提高利率的趋势，因而对经济产生了通货紧缩的压力。这些因素使得经济具有不确定性，但是世界已经改变了，过去所犯的错误不可能再重犯。新时代的趋势表明决策者和投资者都在改变他们的关于哪些政策起作用，哪些政策不起作用的观点。但是影响新时代的四个危险因素是确实存在的，因此投资者必须密切注意政策决定者的行动。

如果我们能够知道如何去评判什么时候可能对经济繁荣产生威胁的那些因素的指标水平已经足够高到影响投资者的决策的话，那该是多么美好。但是，不幸的是，这些因素的指标并没有固定的标准。例如，今天的利率比工业革命时期还高，但经济发展态势却出奇的好。出现这种现象的原因之一是其他国家的税率和政策环境比美国要差很多，因此资本就会流入到美国境内。最重要的仍是政策指导的方向。1993 年政府政策的方向是提高利率和实行健康医疗体系，因此投资者不得不支付更高利息和投资于疲软的股票市场。从那时起，政策指导的方向开始转变到减少政府干预和减少税收上。只要政策指导的方向不变回去，新时代的经济将持续发展下去。

第八章

改变观念

虽然由于政府政策的失误而导致新时代经济繁荣结束的机会受到限制，但这并不等于说机会为零，因为我们当中许多最有影响的政策决定者不愿意相信新时代的到来。尽管经济发生了翻天覆地的变化：制造业的生产力在迅猛提高，经济自 1996 年以来平均每年以近 4%的速率增长，通货膨胀实际上已几乎不存在。但是这些经济学家仍拒绝相信潜在的经济结构已经改变，就象那些认为行星是在围绕地球运转的人们一样，他们使用了错误的模型。他们借助于凯恩斯主义，供给学派理论以及信奉利润递减定律的菲利普斯曲线来观察整个世界。若以这些理论看世界，那么经济增长不可能超过 2.5%，失业率不可能下降到 5%，而又没有引起通货膨胀。另外，他们认为是无理性的投资者，而不是政府政策的失误引起市场问题的出现。这些分析家断定联邦储备局应该通过提高利率来壮大经济实力。他们还认为现在任何减少税收的措施都将过于刺激经济的发展并引起通货膨胀，在他们的模型里，经济无法做到既快速发展又不引起通货膨胀。

正如联邦储备理事会负责人 Laurence Meyer 在 1998 年 6 月说道:"……我有时恍惚听到有些人坚持认为古老的经济增长有极限的理论已被新时代的理论所代替，并且这些人认为全球性竞争和生产力的大幅提高可以保证任何水平的使用利率和任何水平的经济增长率与低而且稳定的通货膨胀率并存。毫无疑问，我反对这种说法。古老的极限论可能已被新的极限论所代替。但是，如果新的极限论不受到重视那么我们将为此付出代价。"

克林顿总统前经济顾问普林斯顿教授以及现参加总统选举的戈尔的经济顾问 Alan Blinder 在 1997 年底写道:"对经济增长持乐观态度的人们不愿意看到残酷的现实破坏他们的美梦。但是经济发展的历史表明长期增长率在 2.0%到 2.5%之间。"他又写道:"在计算机基础上生产力迅速提高的奇迹可能就要来临了。但如果真是这样的话，它将是生产力的又一次提高，而不是最后一次提高。他还认为关于新世纪的想法是胡扯。在他拒绝承认新时代的看法里，Blinder 实际上认为计算机影响了生产力的提高。他写道:"不要被互联网所蒙蔽，当然，我现在能够自由运用网络，在几秒钟内发送和接收 E-mail，并且办公室软件比任何时候对我的帮助都大，但是这些难道能使我的工作每小时比以前生产更多的 GDP 吗?"他认为计算机不会提高生产力的部分解释是"人类大脑还不能象微处理机一样急速演进"。因为 Blinder 不相信生产力革命或新时代，他将目前的经济环境解释为"幸运之神的短暂降临"。并认为是由于进口量的减少，才给计算机和能源价格带来这样的繁荣景象，但是我在前几章中已经论述过新时代的出现并不只是好运气的到来。

可是，并不仅仅是Blinder和Meyer才这样看待现今的经济现象。1997年11月，凯恩斯主义经济学家保罗·克鲁格曼写道："我不相信新经济的原因实际上很简单，不管所有这些激励经济发展的因素，我无法劝服我自己去赞同一个我认为是毫无用处的教条。"克鲁格曼在麻省理工大学教授经济学，在1999年他进一步阐述了自己的看法，他写道："90年代出现的问题，显然和30年代出现的问题很相似，因此解决方案也应该雷同。我们最好都开始重新学一下萧条经济学。"

克鲁格曼认为1998年世界经济出现的问题——俄罗斯核反应堆堆芯的熔毁，亚州金融危机，以及这些问题扩张到拉丁美洲带来的后果——预示着对政府控制加强和高通货膨胀率的需要。他又写道："世界经济越来越容易遭到破坏，但这不是因为经济政策没有改革，而是因为经济政策已经被改革。"他认为经济问题的出现是由已经给美国带来繁荣景象的政策改革导致的。尤其他抱怨展现"旧式资本主义制度优点"的四大改革：(1) 国际贸易的自由化；(2) 国内金融市场的自由化；(3) 价格稳定性的重新确立；(4) 财政纪律的性质。他宣称"这些改革使得世界经济更加容易不稳定，并且更加不易经受住经济的突然衰退"。他提出了一系列解决途径：限制资本流动；重新加强对金融市场的管制；扩大政府预算赤字以及保持低通货膨胀率，而不是寻求价格的稳定。

这种对新时代持悲观态度的评价表现了人们对之反应过于强烈的现象，就象大多数博学的思想家一样，凯恩斯主义者陷入他们所学习和教授的关于世界经济发展的模型中。不管模型有多少缺陷，它迫使它的追随者对经济发展的路面上每一个凸起之处的反应都是要求政府采取这样或那样的措施——即使有证据表明就是政府政策的失误，才造成路面的起伏不平。

亚洲和俄罗斯经济崩溃的直接原因就是不恰当的政府政策。亚洲银行体系受政治因素影响而使账面上出现大量呆账，而俄罗斯缺少“法律”。另外，亚洲，俄罗斯和巴西的中央银行不得不被迫发行大量的货币来降低它们货币的价值。他们的货币政策从未注重价格的稳定，因此把他们的问题归结为价格的稳定是毫无意义的。这些国家的经济正处于高通货膨胀期，如此高的通货膨胀率剥夺了经济增长的潜力。此外，国际援助并不能起到作用。国际货币基金组织（IMF）提供的经济援助就好比是提供了保险一样，引起了许多国际投资者投资的数额比没有这个潜在的经济援助要多。因此，市场的指导作用就不能充分发挥，IMF 引起的问题比他解决的难题还要多。

不管政策中出现的这些问题，许多凯恩斯主义者仍旧反应过度要求实行资本控制和进一步加强政府管制。但是正如施罗德在德国学到的市场并不喜欢资本受到控制，投资的自由可以保护投资者的利益，而资本控制限制了投资者的自由，增加了投资风险，因此减少了投资利润。资本控制将使金融市场更加不稳定，而不是更加稳定。真正的稳定来源于允许资本市场的深化和多样化，并且惟一可以使市场稳定的方法就是保持市场是自由的、对外开放的。

例如拥有一辆汽车所带来的益处是它可以载着你自由移动，倘若政府在某种程度上限制你使用那辆汽车，比如说只准你在隔周的星期二使用它，那么它的价值会急剧下降，而且对汽车的需求也随之会下降。当然高速公路会因此变得不拥挤，但是经济却将增长缓慢。在另一方面，许多关于汽车的政府政策增加了他们的价值。路标、交通法规和平坦的公路增加了所有汽车的价值。个人保险也加强了汽车的价值，人们开车将更加小心，因为他们知道如果出车祸的话他们的保险费将增加。这样产生的结果是消费者需要更加安全和限制高速的汽车。可是让我们看一下最终发生了什么事：美国拥有更少的而不是更多的与汽车相关的设备。

同样的事情也会发生在国际投资领域。如果资本流动被一些规章条例所束缚，例如，只允许长期投资和限制投资的数量和类型，那么国际投资会下降，世界经济增长也随之下降。同时，资产权利的加强和合同的约束都增加了投资的价值。一些国家，如俄罗斯拖欠债务不得不减少潜在的将来对本国投资的需求。而且，有些不指望援助的投资者希望自己的投资能够受到法律的保护，变得比以前更安全。

在新时代，市场迫使政府和全球的企业集团提高效率。政府对市场的干预将是不可容忍的大错误，而政策决定者也渐渐发现了这个事实，日本政治家就决定以减少税收来试图加速经济的发展，同时，他还把利率几乎降为零，因为政策决定者认识到通货紧缩已经损害到经济活动，虽然总是有些人对此投反对票，但是政府政策的转变已经开始了。

否决的三个阶段

约翰·S·米勒在他的《自由论》一书中提到那些挑战现状的新理论一般是通过三个截然不同的阶段得到人们的认可或否决的。第一阶段，这些理念被认为是不真实的，幼稚的或是错误的；第二阶段他们被认为是对宗教的亵渎或对现代文明社会的威胁；第三阶段，他们逐渐得到人们的认可或成为常识，并且每个人都能理解他们。

今天，关于新时代的争论已经到达一个很感性的水平，以至于我们看似正处于第二阶段。但是那些相信新时代并且忽视Meyer，Blinder，克鲁格曼和索罗斯论述的投资者将受益非浅，最终，新时代到来的理念将会成为常识。

20世纪最著名的经济学家之一的思想的转变，提供了一个很好的有关新时代是如何开始解决经济问题的治疗方案，以及甚至影响到其政策的例子。在1997年2月，联邦储备委员会主席阿兰·格林斯潘说道:“在现行的时代有可能存在某种全新的东西来保证如此之快的经济发展吗?是的，这是有可能的，市场变得更加有效率，竞争的全球化趋势加强，并且信息技术毫无疑问地提高了企业运作的稳定性。但令人遗憾的是，经济发展史中充满了象这样的“新时代”的观念，这些观念最终都被证明是一个幻觉，简而言之，历史给了我们一个忠告。那时格林斯潘还不相信新时代的到来。

5个月后格林斯潘看似已经接受了新时代的理念。在1997年7月，他又说道:“我们现在仍不知道，并且我怀疑可能没有人知道现行经济增长是国家或全球生产更进一步提高的世纪现象的部分表现还是我们仅仅只注意到在其他方面一般性传统企业循环扩大背景下的一些不寻常的变化。”

然后在1998年9月，他最终给新时代的思想者增加了信心，但是他不确信旧的理念是否应该完全抛弃掉。实质上，他认为太疯狂地相信新理念是违背宗教传统的。他是这样阐述的:“一些支持新经济的人们，一般都将新时代的出现归功于科技创新和全球化扩张，同时他们认为科技创新和全球化趋势的加强能够提高生产力，给提供需求新的空间，并将价格决定权从卖方转到买方，即世界市场由原来的卖方市场转为买方市场。显然这种看法有其正确的地方，但是，虽然整个世界无疑已经发生了深刻的变化……但是对于我们生存在新经济时代这个观点还有重要的说明，那就是人类渐趋成熟的心理。”

除去这个小小的困惑，格林斯潘思想的转变现在看上去已较为完全。1999 年 3 月格林斯潘演讲时说：“在我们最近的繁荣时期，一个值得注意的现象是计算机和电讯技术的迅速应用促进了生产力在这方面的巨大提高。”他又提到他从未停止对一件事情的惊讶，那就是美国具备灵活性和创新性的经济体系能够充分利用已经出现的那些提高生产力和产生更高资产价值的科学技术。

人们知道，政策决定者将遵循新时代的指导方向

阿兰·格林斯潘思想的转变非常重要。作为联邦储备局的负责人，他的职位是独一无二的，并且只有他才能把政策和经济思想推到正确的轨道上来。但是，它并不总是赢得这些争论，他也没有绝对相信我们经济繁荣的真实的本质。1999 年中期，格林斯潘又开始相信菲利普斯曲线，并且联邦储备局将利率提高两次，第一次从 4.75％提高到 5.0％，然后又提高到 5.25％。但是新时代股票价格在上涨，更多的投资者拥有股票。此外，商品价格在下降，工资上涨幅度比通货膨胀快。人们已经明白发生了什么事。尽管不断地有悲观主义者的论调出现，但人们仍在投资，仿佛就象

他们知道一些政策决定者不知道的东西。最终这种乐观主义论调和到处都是证明新时代到来的证据将会使更多的决策者改变思想，而这确保将新时代继续存在下去。

有趣的是，新时代思想的本质抑制了以前一些旧理念的发展势头。那些仍旧相信政府必须控制经济的人们被迫去提供或者是涉及范围很小的理念或者是涉及范围很大的理念。例如克鲁格曼认为国际上约定对资本流通进行控制是必要的，但是他在政治家或其他经济学者中找不到人支持这项严厉的措施。资本控制十分影响投资者的决策。其他人要求实行 1 万亿美元的马歇尔计划去振兴经济衰退的国家，但是这将依赖于实际上已不存在的巨大的政治意愿。在另一方面，1999 年初，副总统戈尔将精力集中于保护飞机乘客的权利和帮助乘公交车辆上下班的人避免遇到交通堵塞。这些涉及领域很小的措施只是全球这个波涛澎湃的大海里的一些小涟漪，而且他们也突出了在新时代经济里政府的无能。个人责任感正在萌芽，政府政策的方向正走向减少政府干预而不是加强政府干预的道路。

忽略悲观的论调——要乐观

新时代的不可阻挡的趋势并不象许多投资者希望的那样明

显。在1998年，在全球金融市场的动乱使得悲观主义者确信它的结束后，股票市场开始下跌。“这是世界末日的大决战还是1987年10月的经济现象的重新回顾”?《福布斯》在其1998年9月21日的杂志封面中惊叫道，这种现象诱惑了《福布斯》杂志第一次宣称，80年代和90年代间看涨的股票市场的结束，但不幸的是，它的看法是错误的。《福布斯》并不是惟一的一本突出了强调悲观论调的商业杂志。但是NASDAQ股票指数由1998年10月8日下跌至1 419.12到1999年4月26日的猛增到至2 652.05，在不到7个月的时间里上涨了87%，可是新时代并未因此而结束，相反他的发展势头更强劲。这种经济繁荣的景象将会持续20年或30年，并且那些忽视悲观主义者发出的警告的人们将是真正的受益者。

现在是自工业革命以来世界经济活动，如开公司、投资企业或扩张企业的最佳时期。企业家的才能和创造性思维比历史上任何一个时期所获得的报酬都多。教育事业取得成功，风险与报酬互相联系，使经济活动发生巨大变化。竞争到处都是，这意味着你可以很容易地悄悄地接近任何人，就像他们接近你一样。

我们必须使我们的职业、企业和投资决策能够充分利用财富的新时代。毕竟，当人们结束争论时，新时代的到来已经深入人心。而且要记住，当某种东西成为一种常识后，所有的利益也就消失了。

第 九 章

创造个人财富的策略

在 1859 年，John Stuart Mill 写道："这是真正的天才人物，总是一小部分人，但是为了让他们存在，我们必须保护他们赖以生存的土壤。天才人物只能在自由的空气下才能自由呼吸。"即使他们那时并不知道新时代这回事，但是他们对天才人物和自由的重视，是典型的新时代里出现的现象。所有创造财富的中坚力量和新时代的持续发展都依赖于一个事实，那就是美国存在培养企业家的环境。在过去的十七年里，财富新时代的五大主要趋势已经对投资者、企业业主和雇员产生了有利的影响。利润在上升、通货膨胀率在降低、经济稳定、工资上涨，但是无论有利的事情怎么变化，我们总是能从正确的投资决策中获利。

虽然，你们和我也许不太可能和新时代的天才人物一样富裕，但是我们今天所作的选择，决定了我们将来的生活水平，而且我们今天所作的决定，如投资于什么方面、工作于哪个公司、储蓄多少钱、是否要投资创造自己的公司以及我们需要接受到什么程度的教育等等，所有这些都对我们的生活方式有很大的影响。退休人员必须对自己有限的资源作出选择，而我们当中剩下的人必须将自己的才智用到工作中去赚钱来进行投资。

幸运的是,新时代的潜在趋势表明我们都可以很富裕地退休。甚至，我们不需要认为是我们的好运气带来的。当然，我们可以通过选择合适的公司，购买它的股票，在股价抬升后抛售并避免每一次下跌的途径来变得富裕。毕竟，1988 年底投资于戴尔计算机公司的1 000美元到 1998 年底价值为351 356美元——在这十年里平均年利润率为 79.7%。

遗憾的是，并不是每种股票的行情都如此好，但是从整体来看，股票市场运行得特别好。平均来说，大型公司股票，包括股息，自 1981 年以来每年以 18.2%的利润率上升，通过投资股票而成为百万富翁的传奇在中等收入家庭比比皆是。例如，一个年收入为50 000美元的家庭从 1981 年开始每年节省工资的 10%，并将其投资购买大型公司的股票，那么到 1998 年底，投资的资金将会积累至529 730美元，如果这个家庭每年继续节约工资的 10%，并且他们的工资每年上涨 4%，那么他们的储备金将会增至642 829美元。甚至，如果股票价格在将来和过去一样爬升的话，我们假想的这个家庭在 2001 年年底前会拥有超过 100 万美元的资产。

有一个更为保守的做法是购买中期政府债券，这将会使上面提到的家庭到 1998 年底获得305 429美元的储备金。如果债券继续象过去的 17 年里一样发展，那么我们假想的这个家庭到 2008

年底会成为百万富翁。

我们可以看到，在新时代要成为百万富翁，只需要适当的储蓄和一些耐心，并不需要天才的智慧，而且有些时候，天才的智慧反而阻碍我们成为富翁。保持乐观的态度是有帮助的，但是忽略悲观主义的论调也同样是有益的。专家们多次提醒我们泡沫经济就会崩溃，通货膨胀又会回来，利率将上涨。但是在过去他们的观点已被证明是错误的，并且除非政府政策改变，他们的观点在将来也是不对的，成千上万次新时代被认为不存在，已经一一结束了，而它的适应力很强，并且可以继续存在几十年。因此，获得财富的第一个策略就是要有耐心，并避免固定投资市场的时间。股票市场的行情有可能上升也有可能下降，但是在长期范围内，五大主要趋势表明了新时代里股票市场将会营运得很好。

四次测试——新时代的适应力

简而言之，这本书突出强调了创造未来财富的两个关键因素——科学技术和不恰当政府政策的减少。这两个因素结合在一起将确保未来的20年或30年里，世界经济将经历前所未有的扩张。计算机和电信技术的改进已经创造了一个网络式经济，在这种模式的经济里，生产力和生活水平会得到迅速提高。不断递增的利润将导致低的通货膨胀率和快速的经济发展，并且在此经济环境下，利率会保持低水平，股票价格会继续上升。但是就象过去的经济发展充满困惑一样，未来也是如此，总是有某些东西令人担扰，经济仍会遭受令人震惊的事件和看似难以克服的这些事情发生的可能性。

在过去17年里，新时代经济至少四次被宣判死刑。第一次是1987年当股票市场价格在一天内下跌20%时。许多经济学家认为经济的衰退是不可避免的，但是经济发展几乎不受影响。实际上，正如1988年的史实记载，我们由担心经济衰退转变为担心经济发展过快，那时大家都认为美国失去了和日本、欧洲竞争的能力，但是这种悲观主义的论调被证明是毫无根据的。

第二次测试是1990年到1991年的经济衰退期，那时经济倒退的速度令人惊讶。这次衰退结束了美国历史上从1982年11月到1990年7月较长的和平时期的经济扩张阶段。报纸头条宣称股票市场的看涨已结束，经济学家为消费者债务和预算赤字而烦恼。Ran Batra 的畅销书《生存在1990年的大萧条（Surviving the Great Depression of 1990)》1985年第一次出版，并至少发行了三种不同的版本。这本书里有一个令人十分焦虑的标题，例如“保护你的资产和投资并且获得最好的收益”。S&L 的瓦解和信用危机更加恶化了经济，限制了美国经济的增长，并使得经济很难恢复，使经济繁荣期推迟几年才到来。但是美国经济又一次复苏了，尽管税收在1991年和1993年有所上升，但是由科技、自由贸易和低通货膨胀率带来的财富，创造了奇迹，为经济的进一步发展奠定了基石。

第三次测试降临在1994年，联邦储备局把联邦基准利率从1994年2月的3%提高到1995年2月的6%，为期30年的国债券收益从1993年年底低于6%上涨到1994年底的8%，股票市场停滞，通货膨胀率上升，并且后来墨西哥把它的货币相对于美元贬值了60%。尽管发生了这些不幸的经济现象，但美国股票市场价格在1995年迅速上涨，经济在1996年完全恢复。第三次测试成功地通过了，即使紧缩的货币政策和墨西哥经济的萧条也未能阻止新时代的发展。

第四次测试发生在1998年。我们至今仍记得很清楚，许多预言性报纸头条和杂志封面在除这本书以外的其他书中被重点强调。但是即使俄罗斯、亚洲和巴西的经济衰退以及长期的资本管制都没能减缓美国经济的发展。实际上，美国经济在1998年全球危机后加速发展。实际GDP在1998年第四季度上涨了6.1%，在1999年第一季度上涨了4.3%，并且1997年、1998年、1999年这三年，成为美国历史上GDP增长最快的时期之一。此外，股票市场价格在1998年中期下跌20%后，到1998年底迅速上升，并且连续第四次年利润超过20%。

这四次测试说明了新时代经济的适应力，五大主要趋势一起发挥作用的良性循环，创造了一个有活力的并能抵抗突发事件折击的经济体系。关键是持续不断的生产力的提高。自1982年以来，正因为生产力的飞速提高，美国经济只经历了8个月的短暂衰退期。相反在1969年和1982年间，当生产力比较低时，经济经历了四次为时共49个月的衰退期。

财富在增加

开始于80年代早期的经济条件的变化产生了一个全新的投资决策。虽然购买了大量的防御性的投资，例如房地产或其他的有形资产，这是在70年代高通货膨胀期保护自己财富的最佳途径。但是在新时代投资于金融资产，例如，股票和债券才是真正创造财富的举措。更重要的是，70年代创造了很少的财富，但是大量的令人难以置信的财富将在新时代创造出来。当税收和政治管制减少，政府支出受控制，通货膨胀率处于低水平，那么财富创造将加速。

来自于联邦储备局的数据表明了美国是如何成功地在新时代创造财富，以及这些财富是从哪里创造出来的。仅仅1998年家庭资产增加了3.9万亿美元或上涨了10%。这种令人不敢相信的增长速度超过了以前非常了不起的17年中的任何一年。从1981年底到1998年底美国家庭资产增加了31.2万亿美元，总计达到了43.0万亿美元，上涨了263%。在这17年来，表现为股票形式的家庭资产从1万亿元增至10.8万亿美元，上涨970%。但是，表现为房地产形式的家庭资产却没有增加很多。它们从1981年的3.3万亿美元增至1998年的9.2万亿美元，只上涨了180%。表现为国债券、政府和企业债券形式的资产比那些表现为房地产形式的资产增加速度快，从4 437亿美元增至1.74万亿美元，增加了291%同时消费者价格指数上涨了79.4%。换句话说，在除去通货膨胀后，美国全部家庭资产每年以4.4%的速度增长。剔除通货膨胀率后，每16年家庭资产就会增加一倍。

这与从1965年到1981年时期的增长情况构成鲜明对比。那时，剔除通货膨胀后，家庭资产每年增加2.5%，这就意味着家庭资产要用28年而不是16年的时间才能增加一倍。另外，家庭资产的表现形式也发生了巨大的变化。1965年战后经济繁荣的顶峰期，表现为股票形式的家庭资产价值占总额的25.9%，而表现为房地产形式的只占24%。这在以后的16年里发生了翻天覆地的变化。到1981年，即经济滞胀时期，表现为股票形式的家庭资产的价值只占总额的9.8%，而表现为房地产形式的却增至32%，这表明投资者很理性地对70年代的通货膨胀作出反应：多投资于房地产，而少投资于股票。

但是，新时代又一次改变了家庭资产的形式。1997年投资于股票的家庭资产自1968年以来第一次超过投资于房地产的家庭资产。1998年，股票占家庭资产总价值的29.3%，而房地产下降到总价值的25.1%（请看下图）。

自1968年以来股票在家庭资产中所占的比例第一次比不动产高

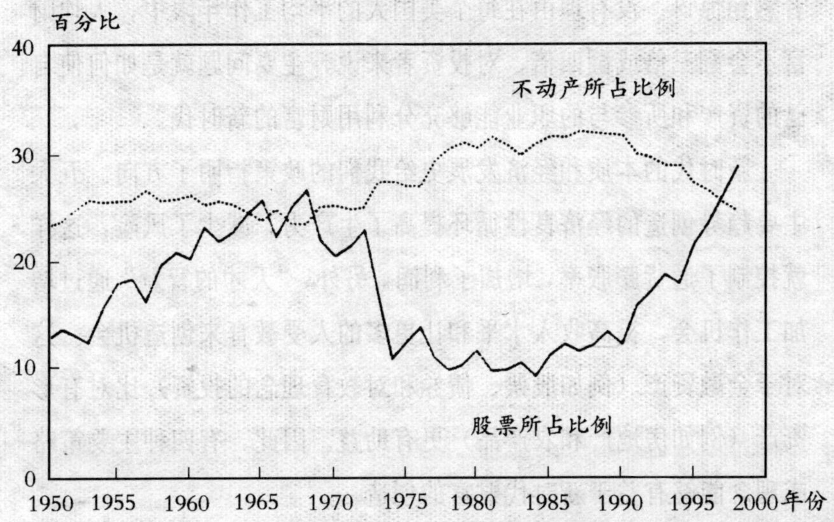

来源：联邦储备局委员会

这种平衡家庭资产各部分比例的变化与新时代发展的节拍非常吻合。无形资产相对于有形资产来说，其价值在不断上升。代表企业所有权利益的股票在新时代会受益，因为科技繁荣提高了生产力和利润。有形资产，例如房地产、商品和耐用品等，它们的价值相对于经济中剩余的其他资产来说，价值在下降。通货膨胀的消除是破坏70年代房地产价值不断上升的最重要的原因之一。

当政策集中于为创造力、天才和企业家活动创造可能的最好的经济环境时，金融资产比有形资产运作得更好。考虑美国经济发达的生产力所带来的利润，财富创造将会继续令那些悲观主义者感到惊讶。没有理由在每个美国人的平均工作年限中，人均财富不会翻三倍或翻四倍，对投资者来说，主要问题就是如何使自己的资产和所参与的职业能够充分利用财富的新时代。

新时代的本质和经济发展史给我们的政策指明了方向。五大主要趋势创造的经济良性循环提高了生产力，减少了风险，这样就控制了通货膨胀率，增加了利润。另外，“天才的智慧”通过增加工作机会，提高收入水平和让更多的人受教育来创造机会。这对于金融资产（例如股票、债券和对教育理念的投资）比对有形资产（例如房地产和农产品）更有助益。因此，有四种主要策略或理念能够有益于新时代财富的创造。

投资于股票的风险在新时代会降低

市盈率（Price-to-earnings，P/E）已经迅速上升。当和前12个月获得的收益相比，标准普尔500的收益率比1981年的低于8增至1999年初的高于32。那意味着投资者必须支付32美元来获得企业在标准普尔500中赚得的每一个美元。显而易见，过去的收益对现在购买公司一部分股票的人来说是毫无意义的，正如我们今天所知道的存在的公司在将来不一定存在。那么，为什么投资者要付出这么多美元呢？惟一的答案就是他们期望将来的收益会增加。虽然悲观主义论调可能会困扰一些分析家，但是经济已经进入新时代的证据使得目前有活力的经济的发展是理性的，而不是非理性的。

新时代经济发展的适应性很强，生产力在不断提高。当你读这本书时，熊彼特（Josepn Schumpeter）所称作的“具有创造性破坏的大风”正在重塑经济的发展模式。这种情形下产生了大量的能够减少风险的正面努力，因此导致更高的收益率。首先，高科技投资提高了生产力和潜在的经济增长率。因此经济显得更加强大，而且更不容易被前几年出现的而且以后可能再次出现的全球经济危机所破坏。其次，通货膨胀率和利率一直都很低，因此投资的时间拉长，将来的收益也会增加。当通货膨胀不存在时，未来收益的价值就不会被与企业管理无关的势力减少。通货膨胀给投资者带来不得不降低他们未来收益的风险。但价格的稳定可以消除这种风险。最后，信息在今天比以往任何时候都更易获得，这意味着市场上错误的价格信息还会存在很长时间。

由于这些原因，新时代投资于股票的风险大大降低了。收益增长将会稳定，经济衰退现象很少出现，收益率仍会很高。因此，新时代预测道琼斯工业平均指数到2020年会攀升到60 000点或更高。若需要更详细的解释关于新时代为何如此有益于股票市场的发展和你如何从中获利的原因，请看第十章和第十一章。

即使低收益率的债券也能提供非常高的实际利率

最近几年，利率自 60 年代以来降到前所未有的低水平，许多投资者对降低到如此低的利率很灰心，甚至很惊讶。但是投资者必须铭记两件事情。第一点，今天利率的低水平不是一个反常的现象，可以从下面的图表中看出，在 1970 年前的近一个世纪里，利率都比现行水平低很多。在过去 25 年里利率的高水平才是一个反常的现象。现行收益将仍比历史上大多时期的水平高，并且在未来几年里会剧烈下降。

第二点，通货膨胀是决定收益的最重要的因素。当通货膨胀率上升，利率也总是上升；当通货膨胀率下降，利率亦随之下降。在 1980 年和 1999 年间，通货膨胀率从高于 14%降到低于 1.5%。而在另一方面，债券投资人并不希望通货膨胀率的降低带来利率的降低。例如为期 10 年的国债券收益率从 1980 年的 12%降到今天的 6%。

因为利率下降的幅度并没有通货膨胀下降的幅度大，所以今天实际的——或剔除通货膨胀后的——债券收益比 1980 年要高。在 1980 年，为期 10 年的债券收益率低于通货膨胀率，今天前者

优质企业债券收益

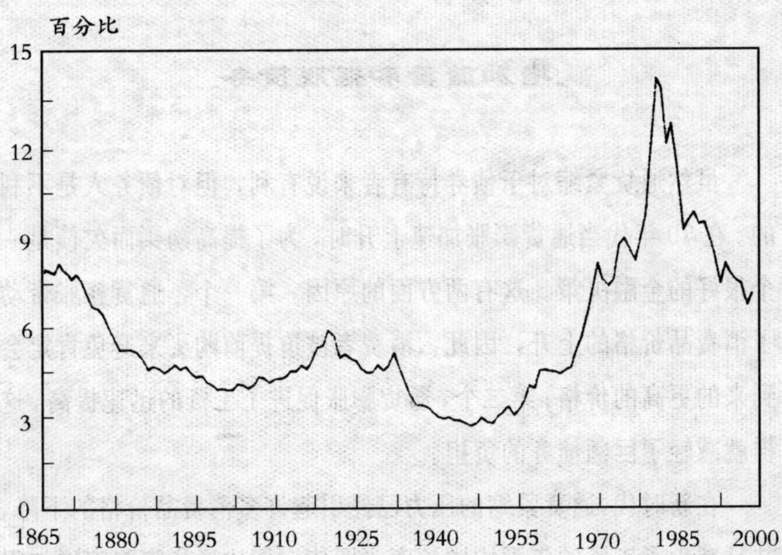

来源：美国史料统计局和 1865-1930Moody's 铁路债券及 1931-1998 Moody's AAA 企业债券

却远远高于后者。债券投资者如今比以前获得更高的利润，即使是在比以前收益率低的情况下。这种情形在未来几年里不可能改变。在新时代，通货紧缩的经济现象比通货膨胀更容易发生。因此，低的债券收益率仍是一个稳定的和有利可图的投资对象。若需要更详细的关于如何利用债券市场来获得利润和经济稳定的解释，请看第十二章。

增加储蓄和摆脱债务

虽然通货紧缩对于债券持有者来说有利，但对债务人是不利的。在70年代当通货膨胀加速上升时，为了提高购买而欠债是一个很好的金融决策。这有两方面的原因。第一个，通货膨胀带动了消费品价格的上升，因此，消费者被迫提前购买来避免肯定会到来的更高的价格；第二个，通货膨胀促进了工资的迅速提高，这样就减轻了巨额债务的负担。

在新时代，通货紧缩的压力已经引起许多消费品价格的下降，并且减少了工资的年平均增长率（即使它们比通货膨胀率增加得快）。现在是在等待购买货物的时机，因为商品价格在不断下降。另外，通货紧缩使得债务人必须用价格昂贵的美元来偿还贷款。最近几年公司破产数目的增加大部分是由这种现象引起的。

在新时代，储蓄货币和减少债务比以前更重要。商品价格明天将比今天低，因此债务的存在是财富创造的负担。新时代将会奖励良好的金融市场管理。那些发现他们财富在新时代增加的人们消费支出要比他们所赚的钱少，并且投资于新时代的许多资产。

在1995年和1999年间，工资上升的速度比通货膨胀快。这是近30年以来工人的工资在剔除通货膨胀后第一次增加如此长的时间。这使得人们生活水平提高，人们能够购买更贵的汽车、住所和设备，特别是当它们价格中的一部分在下降时。但是，借钱去购买这些商品的成本太高，因此会给那些已经陷入债务危机的家庭带来更多的痛苦。

例如在1976年和1977年，新汽车的价格平均每年上涨5.8%，而二手汽车的价格平均每年上涨11.8%。银行对用于购买汽车的平均贷款利率在1976年和1977年是11%。这样，若消费者从银行贷款购买汽车，那么消费者支付的贷款利率小于二手汽车价格上涨的速率，并且仅仅只高于新汽车价格增长率的5.2%。因为汽车价格在迅猛增加，所以贷款购买汽车给一个家庭带来的痛苦比它看上去要少。

今天，即使利率比以前低，贷款的成本也更加昂贵。在1997年和1998年，新汽车的价格每年下降0.1%，1999年初，价格又下降了1.25%。二手汽车的价格在1997年下降3.8%，1998年比1997年又多下降了0.3%。这样在1997年和1998年二手车的价格平均每年下降2.0%。，商业银行对用于购买汽车的平均贷款利率在1997年和1998年为8.9%。这意味着"实际"或除去汽车价格因素后用来购买汽车的贷款利率是其在1976年和1977年的2倍或3倍。那时贷款者要支付11.0%的贷款利率去筹措每年价值上升11.8%的资金。而今天，贷款者却要支付8.9%的贷款利率去筹措每年价值不断下降2.0%的资金。

显然，消费者有许多购买选择。但是考虑到在新时代里通货紧缩是如此普遍，贷款购物已经变得更昂贵了。很容易地可以看出当你用借来的钱购买价格每天都在下降的商品时，你将会使你的财富收益大大减少。假设贷款利率为8.0%，汽车价格下降1.5%，如果消费者一年后再去购买价格为20 000美元的汽车，那么至少会节省1 900美元或总额的1%左右。

通货紧缩有利于储蓄者而不利于债务人，而通货膨胀却有利于债务人而不利于储蓄者。若想真正参与到新时代里来，减少你的债务，扩大你的储蓄。新时代的企业家需要资本去实施他们将来的计划，而储蓄者就是可以提供资本给他们的人。真正地参与新时代意味着要对它进行投资。

有活力的市场能够增加机会
——相信市场是善于发现人们天赋的

在30年代和70年代末期之间，许多人认为增加他们个人财富的最好方法就是依赖政府、协会或企业创造的静止的不变化的环境。但是，新时代已经改变了这种现象，政府、协会和许多企业已经不再能创造无忧无虑的境界。今天，终身学习和频繁的职业变动受到鼓舞。但是在对企业的忠诚和你自己的兴趣方面还是有细微差别的。

虽然，一些人把这种既有活力的又具有不确定性的经济认作是不好的经济现象，但实际上它并不如此。自由市场就意味着为每个人找到最好的和最令自己满意的工作，因此，当把你放在最易发挥你才能的工作岗位时，你的收益自然就会增加。这就好比迈克尔·乔丹是一个很差的棒球运动员，但却是一个伟大的篮球运动员。善于无意中发现新生事物的天赋确实能给人带来好的收益。但是一个有活力和充满工作机遇的市场会为你独特的才能找到最适合的和报酬最丰富的职业。

对许多人来说，最有利可图的职业是创建自己的公司。新时代有活力的经济已经创造了美国历史上最佳的创建、拥有和收购企业的经济环境。今天消费者和生产者之间的区别在迅速缩小，任何人都可以在任何企业中参与竞争。

在过去，大型企业经常占据优势地位，它们登广告比小型企业的效率高，并且更能从规模经济中获益。但是，在今天，任何一个有调制解调器或传真机能力的人都可以在全世界范围内登广告。另外，计算机和电信设备价格的剧烈下降消除了因企业规模的不等而带来的差异。

特快专递、信用证和喷气式飞机，使得即使是最小的公司也可以与世界上任何地方的公司竞争，理念比固定资产和官僚机构更重要。创建你自己的公司以及投资于自己的企业，比持有股票、债券或房地产更加有利可图。

投资于新时代

我们现在越来越清楚地知道，投资决策必须随着经济环境的改变而改变。70年代，持有股票是不明智的行为，当时最好的决策是投资于房地产、农产品或短期货币基金。尽管数据记载表明，股票价格在20年内总是上扬，并且在10年内只有两次价格下跌(这两次都出现在30年代的危机中)，但是这些数据已把通货膨胀的因素考虑在内。从1965年到1982年的17年里，在剔除通货膨胀后大型公司的股票价格是在下降，而不是在上升。从另一方面说，投资于房地产、农产品和短期货币市场的投资者会发现他们的资产价值在上升。

而在新时代，这种现象完全改变了。股票和债券市场比房地产和农产品市场繁荣。新时代的五大主要趋势预示了同样的经济情形也会在将来出现。如果适当的政策继续实施下去，金融资产将仍是最好的投资对象。正如John Stuart Mill写到："当一种理念是正确的，它可能被埋没一次、两次或许多次，但是在历史长河中，总会有人重新把它挖掘出来，并使它能存在下去。"

新时代也是如此。美国和它的大多数居民都认为自由市场是新时代创造财富的最佳途径。因此，重新回到70年代和80年代早期的滞胀现象的机会是很小的。对适当地投资决策的全面描述，请看本书的最后几章。

第三部分

在财富的新时代
投资决策产生的影响

第十章

选择未来的股票种类

凯恩斯在其1935年写的《就业、利率和货币通论》这本书中是这样描述股票市场的,"当一个国家的资本发展成为俱乐部活动的副产品时，工作机会就大大减少了。"

倘若我们认识到凯恩斯把30年代的经济危机的爆发归咎于资本主义制度的内在不稳定性的话，就不难理解上面他把股票市场比作俱乐部的这种轻蔑的言论。此外，凯恩斯还认为这种不稳定性是人类本性的特征，而且政府应该尽其所能使这种不稳定性趋向于稳定。

但过去20年的经济发展彻底推翻了凯恩斯的关于政府在金融市场功能的理论。人们认识到政府作用就是加强契约和法律并保持货币值的稳定。只要政府将其职能限制到这些方面，自由和开放的资本市场就能保证财富创造的成功。而且，在美国这已经获得成功，如果没有资本最优配置的机制，9 000多家从事贸易的公司和几百万家私人企业将不可能存在。

如果没有金融市场提供给投资者和企业信息，经济增长就会结束。更重要的是，如果市场没有把投资者和理念结合在一起，企业就不能扩大它们的规模、添置设备或进行深入研究，就难以进一步发展。另外，如果没有资本市场，许多企业家也就不能把它们的想法诉诸实现。企业需要资本，而且它们发现资本在三个清晰可辨的市场里存在着——股票市场、债券市场和银行体系。这些市场都不是俱乐部，恰恰相反，这些市场是资本配置机制，并且它们中的每一个都具有明确的目的，都能为投资者提供机会。其他形式的金融资产，例如风险资本或合伙企业都是建立在这三个市场的一个或多个基础上。当投资者投资于一家公司时，他们就能够分享利润或拥有利息。

风险和报酬

在经济繁荣时期，股票几乎总是比其他投资给投资者带来更多的报酬，其原因就在于股票投资者比其他投资者冒得风险大。例如，在公司破产时，一般总是供给者和雇员最先被支付报酬，其次是其他债权人，再次是债券持有者，最后才是普通股票持有者。这样，股票持有者就有一项其他投资者没有的风险津贴。同时，股票持有者也是企业所有人，他们分享企业盈亏。其他所有的投资者是资金筹措者，而且除非企业破产，他们都会被付利息。所以，在其他所有投资者因其为企业提供资金而获得报酬后，股票投资者才得到相应比例的利润的报酬。

利润减少的因素

企业利润很明显地来自于科学的企业管理。如果一家公司提供消费者想要的而且是价格吸引人的商品或服务，并且该公司能够以少于消费者支付的成本生产那种产品，那么利润就产生了。减少成本和使消费者满意是企业成功和股票持有人获利的较为稳定的途径。

但是，无论企业管理集团如何优秀，如果经济或政治环境恶化，那么企业的利润增长就会受到影响。在经济衰退期，失业的压力和不断下降的工资水平降低了消费者的购买力，相应地也限制了利润的增长。通货膨胀或通货紧缩引起价格变化，并影响到库存商品的价值，进而也损害了企业利润。另外，税收的增加或政府管制环境的加强可能会使最科学的管理也毫无用武之地。

因此，对于投资者来说，从企业内部（即分析单独企业的策略和市场）和从大环境（即分析所有经济条件）去评估股票市场的利润前景是同等重要的。

市盈率的作用

尽管我们集中于讨论从股票市场获得收益，但是即使现行利润是停滞不前的，股票市场仍可能上扬，如果投资者增加他们现行利润的价值含量或他们预料到将来利润会上升。相反地，如果投资者评估利润的价值会下跌，或者对未来的收益不确定，那么股票市场可能会停止不前，即使现行利润在上涨。例如，在1965年年底到1981年年底间，标准普尔500指数每年仅增长1.9%，即从92.4上升到122.5，虽然组成标准普尔500的企业在纳税后剩下的利润每年增长7.0%，即从每股5.19美元增加到每股15.36美元。因为股票价格的增长幅度比收益的增长幅度小，所以标准普尔500的市盈率（以12个月的利润为基础）从17.7下降到8.0。

这是如何发生的呢?为什么投资者会忽略每股收益的增长呢?我认为其间有三个原因，而且它们对股票市场的影响会详细地在这一章剩余的部分论述到。这三个原因简述如下：第一个，在1965年到1981年间，通货膨胀率平均每年增加6.8%，这意味着标准普尔500实际（或去除通货膨胀后的）收益平均每年仅增加

0.2%；第二个，利率的上升减小了股票对投资者的吸引力；第三个，因为经济实际上在1965年到1981年间的四分之一的时期里是在衰退，所以人们对未来的收益总是持怀疑的态度。因为通货膨胀率和利率居高不下而且经济很不稳定，所以股票市场比其正常状态下更不稳定，因而投资者将收益估计到如此低的水平是可以理解的。

相反，在1981年年底到1998年年底间，构成标准普尔500的企业的经营利润每年增长6.5%，但是通货膨胀率平均每年仅为3.5%，并且利率在剧烈下降。因此，标准普尔500从122.5爬升到1998年12月31日的1 229，平均每年增加14.5%。股票价格的上升速度也比收益更快，因为投资者今天比他们在70年代评估利润的价值含量要高得多。标准普尔500的市盈率从1981年的8爬升到1998年底的30就是一个很好的证据。

更重要的是，市盈率在未来几年里可能会爬升得更快，因为在新时代里，利润、收入和财富将迅猛增长而通货膨胀率和利率仍会保持低水平。另外，经济将不太可能再次衰退。因此，美国股票市场有一个良好的大环境。虽然平均每年收益达到20%是不太现实的，但是平均每年收益在7%～10%间是十分有可能的，而且这将推动道琼斯工业平均指数可能从2012年底35 000上升到2020年底的60 000。

新千年股票市场运行的主要基本规则

股票市场的繁荣消除了投资者的每一丝怀疑，但是要能在股票市场保持乐观的态度并取得投资成功，投资者必须铭记下面关于新千年股票投资的四个主要基本规则。

●市盈率仍将维持超历史的平均值。经济衰退期比以前的影响力减弱并且时间变短，同时，利润的增长仍很迅速，通货膨胀率和利率仍处于低水平。这些因素结合在一起促使市盈率超过经济发展史中表现出的水平。高的市盈率带来了股票市场被过高估计的警告，但是，除非政府政策改变，股票市场将继续上扬。

●价值是在理念中而不是在机器中得到体现。脑力劳动优越于体力劳动。在新时代，理念正代替自然资源作为利润的源泉。因为理念被重新创造出来既容易成本又低，所以潜在的利润是无法估计的。因此，人们要投资于新时代的企业而不要投资于旧时代的企业，因为新时代的企业受益于不断增加的利润和网络式经济，而旧时代的企业却依赖于对资源的需求的增加。

●新时代将杜绝浪费。巨额利润将会在以前政府控制下的行业里产生出来。这些行业包括教育、健康医疗和电力部门。

●不断增加的财富刺激了人们对休闲活动的需求，比如参加体育活动、娱乐、旅游以及上飞行训练班。另外，人们对衣服、家俱、食物和咖啡更加挑剔的现象引起了符合这些需要的企业数量的增加。对于用来提高“生活质量”的产品的随意支出也会增加。教育、健康医疗和信息行业的增长将仍继续高于平均收入的增加。

为什么新时代会提高市盈率

表现股票价格是如何受不断变化的经济条件影响的最佳方法是使用下面的简易模型。它表明了企业股票的价值是如何表现成繁荣可能性的函数和衰退可能性的函数的。例如，如果每一股股票在其繁荣时期时价值为60美元，而在其衰退期价值仅为20美元，并且未来企业股票繁荣和衰退的可能性都是50%，那么股票价格为40美元。

股票价格＝（繁荣期的价格×繁荣的可能性）＋（衰退期的价格×衰退的可能性）

无论最近几年的收益发生什么变化，股票价格总是随着繁荣可能性的加强而上升，或者随着衰退可能性的增加而下降。在过去的17年里，美国只经历了8个月的经济衰退期（从1990年7月到1991年3月）。这与1969年到1982年这段时期成鲜明对比，因为在这13年中，美国经历了四次衰退。这些衰退期持续时间共为49个月，平均每次时间长度大约为12个月。

时间越长，频率越高的经济衰退期总是在减少经济活动中资产的价值，因为它们提高了和将来利润密切联系的风险。因此，新时代经济更加稳定和适应力更强的现象增加了繁荣的稳定性，减小了风险。这将使得悲观主义者继续担忧市盈率的水平。我们可以从上图看出，当衰退的可能性从50%降到20%时，我们假想的企业的股票价格就会由每股40美元上升到每股52美元，即使现行利润是不变的。如果假想的企业在来年里每股赚2美元，那么它的市盈率将会从20上升到26，仅仅因为衰退的可能性降低了。

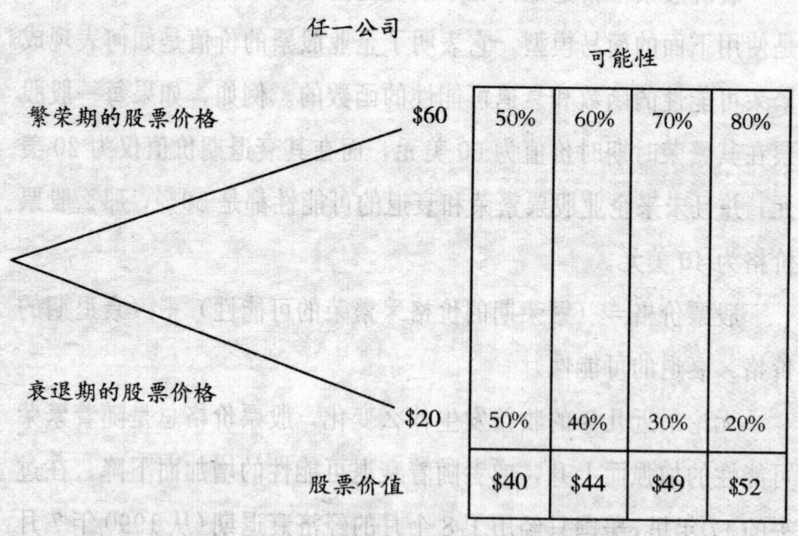

相反，如果衰退的可能性增加，那么股票价格就会下降，无论利润是上升还是下降了。

上面这个简单的模型非常起作用，因为利润仅仅出现在不断扩大的经济活动中。70年代经济发展的低迷和不断下降的市盈率为解释这种现象提供了一个很好的例子。虽然70年代市盈率不断下降有许多原因，但最重要的原因是经济不能摆脱它的恶性循环。政府政策创造了一个滞胀和不稳定的经济环境。因为宽松的货币政策，市盈率下降的速度会加快，联邦储备局因而会缩紧银根，经济走向衰退。经济的萧条。迫使联邦储备局在消灭通货膨胀前再次实行宽松的货币政策，这样就推进经济走向下一个衰退期。因此，我们可以看出，无论企业管理是如何科学，只要经济大环境严重恶化，企业的利润就会受到很大的影响。例如，在1969年到1982年13年的经济衰退期中有4年企业利润的不稳定性在增加，而且即使利润上升，股票持有人也不会获利，因为衰退的风险降低了市盈率。

过去的17年的经济发展从本质上与70年代是完全相反的。在1982年到1999年这17年中，仅有8个月的经济衰退期，并最终降低了未来利润的不稳定性。因为这种风险的不断降低，市盈率逐步上升。此外，只要政府继续实行正确的政策，市盈率将会上涨到更高的水平。

市盈率和通货膨胀

虽然经济的稳定性是决定市盈率走向的最重要的原因之一，通货膨胀也对市盈率的运动有深远影响。通货膨胀抵消了未来收益的价值，促进利率的提高。通货膨胀还加深了税率对收益的影响。所有这些都会驱使市盈率下降。而在另一方面，低通货膨胀率带来利率和税率的下降，并减小它们的影响，同时也就增加了未来收益的价值。这些因素都刺激市盈率的提高。

特别需要强调的是，这些因素中最重要的是去除通货膨胀后未来利润的价值。假想一家公司在未来十年里每年每股都赚1美元的利润。如果没有通货膨胀，那么那些未来的收益在今天来看相当于10美元的价值。因为在无通货膨胀的经济环境中，1美元在第二年或甚至10年以后，和今天1美元的价值完全相等。

如果通货膨胀率在未来10年里平均每年为1%，那么上面描述的这家公司将来的收益只相当于今天9.56美元的价值；如果通货膨胀率在未来10年里平均每年为5%，那么将来的收益从今天的价值衡量尺度来看会下跌至8.11美元；最后，如果通货膨胀率平均每年为10%，未来的收益只相当于现在价值的6.76美元。总而言之，通货膨胀率越高，1美元在将来的价值含量就越低。

因为通货膨胀和未来收益的现行价值存在着这种联系，所以股票目前的价格是可以上扬的，即使现行收益或将来收益的期望值不会提高。不断下降的通货膨胀率集中反映在不断上涨的市盈率上。在下面的图中清晰地表明了通货膨胀率和市盈率成反比的关系。由图中可以看出，当通货膨胀率在70年代上升时，市盈率在下降；而在80年代和90年代，当通货膨胀率下降时，市盈率却在上升。

S&P500 市盈率和通货膨胀的对比关系

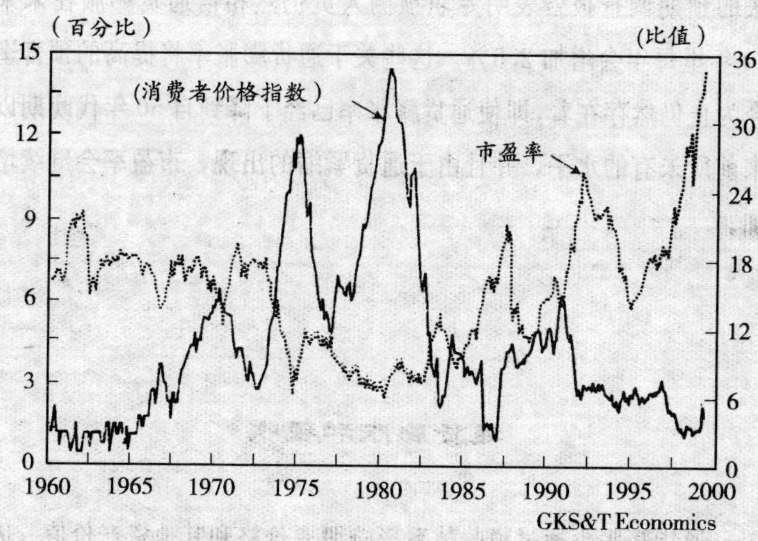

来源：S&P 和劳动统计局

目前，通货膨胀率仍维持在每年1%左右，但是，正如本书已经论证过的，通货膨胀在未来几年里可能会降得更低。实际上，经济有可能出现轻微的通货紧缩。这意味着未来1美元的收益将超过今天1美元的价值含量，这也预示着市盈率会继续攀升。更为重要的是，因为投资者和经济学家继续相信通货膨胀并不是不存在的，所以我们最近几年目睹的不断下降的通货膨胀率没有完全影响到市场定价。例如，国会预算部门预测在未来5年里通货膨胀率为2.6%，而克林顿总统领导下的管理和预算部门预测通货膨胀率为2.3%。另外，来自费城联邦储备银行发布的关于通货膨胀的预期调查报告表明专职预测人员仍然相信通货膨胀在未来10年里每年会增加2.5%。这些关于通货膨胀率将提高的预言迄今为止仍然存在着，即使通货膨胀率已经下降到自50年代晚期以来前所未有的水平，并且由于通货紧缩的出现，市盈率会继续增加。

通货膨胀和税收

通货膨胀也通过税收体系影响股票价格和其他资产价值。因为资本收益税并不扣除通货膨胀的因素，所以有效税率可能比实际税率高得多。例如，让我们假定你购买价格为10 000美元的一种股票，并且这种股票价格每年增加 6%，持续 5 年。那么，5 年后，你抛售股票将获得13 382美元。但是，因为在你持股期间通货膨胀率每年为 5%，所以10 000美元的投资额 5 年后就相当于12 763美元的现行价值。在这个例子中，剔除通货膨胀因素后，利润仅为 620 美元。可是，更为不幸的是你必须对全部收益3 382美元承担交纳资本收益税的义务。若税率为 20%，你承担的税收义务即为 676 美元，这意味着你所交纳的资本收益税（676 美元）比扣除通货膨胀后所得的利润（620 美元）高。很明显，纳税后，你的购买力比投资前减弱——因为有效税率超过 100%。

当通货膨胀率降低，有效税率也随之降低。在上面一个例子中，若通货膨胀率为 2%，意味着 5 年后你只需要拥有11 041美元就相当于现行的投资数额。又因为每年 6%的年收益率的增加使你 5 年后拥有13 382美元的资本，所以去除通货膨胀后，所得利润为2 341美元。若税率仍为 20%，那么你交纳的税收同以前是一样的——676 美元——所以有效税率降至 28.8%（676 美元的税收/去除通货膨胀后的利润2 341美元）。如果通货膨胀率降至 1%，那么你的有效税率就降至 23.5%。当然，若通货膨胀率为零，资本收益有效税率仅为 20%，与实际税率相等。如果经济进入通货紧缩期，那么有效税率可能实际上低于 20%。

在 70 年代末期，最高的资本收益税率超过 40%，通货膨胀率超过 10%。高通货膨胀率和高税率结合在一起使得有效税率远远超过 100%。今天，随着资本收益税率降至 20%，通货膨胀的消除，有效资本收益税率大大降低了。税收的减少和不断下降的通货膨胀率已经对股票价格产生了有益的影响，同时也反映在不断增加的市盈率上。

市盈率和利率

当不断下降的通货膨胀率借助于提高和未来收益等同的现行价值以及降低对资本征收的有效税率来直接影响股票价格时，它也通过利率直接影响到市盈率。实际上，利率总是和股票价格形成鲜明对比，因为股票和债券一直以来都在争夺投资者的投资。利率总是包含除去通货膨胀率后的“实际”利润。这种实际利润之所以存在是因为市场总是使它们自己在投资选择中趋于平衡。在经济活动中，不同的投资选择所获得的利润的不同的惟一原因应该归结于风险的不同。

因此，通过比较为期10年的国债券收益（这实际上是无风险投资）和股票收益，我们就能判断出不同的利润取得。例如，如果利率为10%，价值100美元的债券每年收益为10美元。为了和这笔收益等同起来，价值为100美元的股票也必须每年收益为10美元。这就使得假想的股票市场市盈率为10（每股100美元的价格/10美元的收益）。如果我们的债券收益降至5%，那么价值100

美元的股票只需要 5 美元的收益就等同于债券收益——也就是说市盈率为 20。总之，当利率下降时，市盈率上升；当利率上升时，市盈率下降。

另一种思考利率和股票价格之间联系的方法是比较股票“收益产出”和利率。例如，1998 年构成标准普尔 500 的企业在纳税后，每股赚 37.70 美元，1997 年 12 月 31 日，标准普尔 500 股票指数为 970.43。因此，1998 年标准普尔 500 实际收益产出比为 3.88%（37.70 美元收益/970.43）。如果企业把 1998 年全部收益支付给投资者作为红利，那么购买股票的那些投资者在他们原先的投资上得到 3.88%的利润。

作为比较，投资者可能在 1997 年 12 月 31 日购买为期 10 年，收益率为 5.75%的国债券。把为期 10 年的国债券收益和股票的收益产出进行比较的简单模型说明了即使在 1997 年 12 月 31 日能够准确预测出 1998 年的收益，股票市场也被过高估计了，因为为期 10 年的债券获得的利润比在股票市场获得的利润多。实际上，为期 10 年的债券收益和股票利润相比较的模型表明了股票市场被过高估计了 48%。为什么这么说呢？因为每股赢利 37.70 美元，所以标准普尔在 1997 年 12 月 31 日必须以股票指数 655.62（比 970.43 少 48%）出售才能使股票的收益产出等同于为期 10 年收益率为 5.75%国债券的收益。

显然，股票投资者忽视了这个模型，在 1998 年，标准普尔 500 股票指数上升了 26.7%，造成这种现象的出现有许多原因：首先，为期10年的国库券收益率在1998年降至低于5.0%，并且降低了等同于债券收益的股票收益产出；其次，1997年的利润估计比实际利润要高得多。根据以纽约为基地的信息服务中心I/B/E/S做出的分析调查报告，1998年标准普尔500的利润估计为501.5美元，考虑到收益的估计值比其实际值要高得多，标准普尔500并不像1997年底看上去那样被过高估计；再次，企业利润可能会增加，而为期10年的债券收益继续保持在投资者购买债券时的水平上。另外，通货膨胀的消失使得现行收益比将来收益更加不重要。实际上，即使相对比较低的利润增长在零通货膨胀的环境下也必将使得股票收益高于债券收益；最后，对利润征收的税率相当于个人所得税水平，而对资本收益征收的税率为20%。如果企业支付更少的红利（这也是按个人所得税纳税），并且用他们的利润又去购买股票，那么个人将取得的企业利润作为资本收益，而不是作为工资。这种税收方式带来的益处是深远的。

在这些原因里，把股票的收益产出和为期10年的国债券收益相比较的简单模型已经指出80年代和90年代的股票市场被过高估计了。我们可以从下图中看出，自1982年以来，以前一年12个月为基础的收益——价格比几乎总是低于为期10年的国库券收益。这暗示市场被过高估计，因为国库券的收益比股票的收益产出高太多。在另一方面，这个简易模型也表明70年代的大部分时间里股票价值被低估了。

70年代很明显的股票价值的低估和80年代到90年代价值

的高估并不是偶然发生的。在70年代，经济条件恶化，不良经济事件发生的风险高，但是在新时代经济环境发展很好，并且投资风险已降低。新时代的五大主要趋势已经创造了一个适应力强，低通货膨胀趋向以及更加可能快速增长而不出现衰退的经济模型。因此，股票投资者不再是非理性投资人而是变成理性投资人，当他们给股票价值定价时。实际上，在未来的20年里，股票估价可能仍高于这个简单模型表现出来的价值。股票市场已经告诉我们新时代减小了持有股票的风险。利润的不断增长，税收增加风险的减小，低水平的通货膨胀率和利率都意味着股票是比以前更安全的投资对象，甚至这种情况在将来20年到30年内仍将存在。

税收和股票

其他因素也会影响到股票和债券的估价。税收就是那些因素中的一个。因为资本收益被征收20%的税率，而且利息收入按个人所得税征收，所以相同的利润纳税后，债券收益高于股票收益。例如，如果利息收入按36%的税率征税，为期10年收益率为5.75%的国债券收益将因为税收的缘故减小了2.1%（即5.75%的36%）换句话说，纳税后的净收益率仅为3.65%。相反，1998年实际收益产出为3.88%的股票被征收20%的税率——即收益的总税率为 0.8%（即 3.88%的 20%）。这意味着纳税后股票的收益净产出率实际上为 3.08%。把这些纳税后的收益放入刚刚提到的简易模型中发现股票在 1997 年 12 月 31 日仅过高估计了 18%，而不是 48%。

公正估价和长期利率

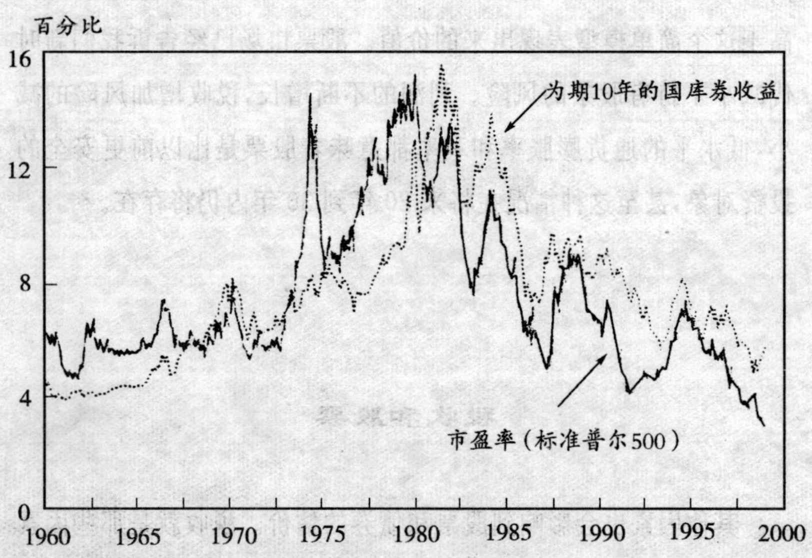

来源：标准普尔和联邦储备局

注释：以追踪四个季度利润为基础的市盈率

但是，这种推测是误入歧途的。因为标准普尔 500 的收益在 1998 年预计会很高，所以标准普尔 500 实际上在 1997 年 12 月 31 日就被低估了。那就是为何股票价格几乎迅猛上升了 28%的原因。但是用于说明股票价值是被低估还是被高估的模型必须认真对待。它们中大多数都过于简单，而且它们只是说明了理论所表现出的价值，而不是真正估计的准则。

这些简单化模型估计的失误固然可怕，但更重要的是它们对经济繁荣产生了威胁。如果政府做出错误的决策，那么市场就有可能退回到70年代的相对价值水平，并且市盈率也有可能又降到一位数值。虽然贸易保护主义在今天是不适用的，但是它不仅仅是可能产生威胁的事物。从总体来看，联邦储备局必须对此负责。许多人认为联邦储备局实行的政策是股票市场到达不稳定的高度的原因。因此，一些人认为提高利率来消除市场中的泡沫经济必须非常谨慎；但是，正如前面论证过的人们对现行股票市场估价的这种分析是错误的。人们必须明确股票价格上升的原因是因为低通货膨胀率、不断减少的税收、低利率和经济的稳定而不是因为联邦储备局实行的向经济活动发行太多货币的货币政策。实际上，联邦储备局是通过力图维持价格的稳定来促进股票价格的上升的。所以若我们将他们的成功看作是由于缩紧银根的政策而带来的话则是错误的观点。最终，通货紧缩的出现将不顾联邦储备局是否提高利率。正如前几章论述到的：新时代在它自己建立的机制体系中运行，这将会带来股票风险的降低和市盈率不断上升的时代。

在理念而不是在资源中寻求价值

最近几年市盈率的不断上升有许多根本原因，但是其中最重要的原因之一与利率、通货膨胀或经济衰退都没有关系，有关系的那就是科学技术。新时代企业扩张很快，网络式经济里不断增加的收益给那些利用新时代科技潜能的公司带来了几乎是无限制的利润。随着美国经济科技含量的提高和服务业比重的加大，越来越多的行业在“利润递增”定律而不是在“利润递减”定律下运营。

因为在新时代里成功的企业保留对它们产品的专利权和版权，所以它们占据市场主导地位并获得巨额利润。那些处于新科技先锋地位的公司需要高的估价。虽然人们从来都没有很明确哪种新企业将成为任一指定行业的标准类型，但是市场必须把它们定位于很高的价值水平即使它们仍还处在发展的初期阶段。当然，这是种猜测，但这种观点是理性的而不是无理性的。

首先，许多新时代的企业刚开始几乎没有利润或有时有一些利润，但是最终它们将成为成功者并能够促使大市场的形成。在特定的市场位置中，失败者总是多于成功者因为只有几百名企业家在竞争中能跑到第一的位置。可是这些成功者会赢得巨额利润，并能弥补那些没有成为标准类型的企业的损失。更重要的是，每一行业的竞争都会使整个经济成为一个成功者，因为科学技术的发达是最有效和最具生产力的东西。但它并不总是一幅很美妙的图景。竞争有可能是混乱的，但是就其本质来说，竞争就是选择给消费者带来最多价值的产品的过程。

Beta 录像带输给了 VHS 录像带因为消费者希望录像带能播放更长的时间，尽管一些人认为 Beta 录像机的科技含量高。因为 VHS 能够占领市场领先地位，更多的磁带被分配用作 VHS 录像带，这就使得 VHS 的利润提高并超过 Beta。另一个例子是 Microsoft和 MS-DOS。至今，许多人都认为 MS-DOS 是低等产品，但是因为越来越多的流行软件的发展都和 MS-DOS 联系在一起，所以 Microsoft 开始主导软件市场，并为投资者创造了巨大利润。

历史是在告诫我们吗

新时代科学技术是在不断递增的利润中起作用的。因此，新时代里的企业的利润是成指数增长，并且它们的股票价格经常远远高于那些预期的收益。这使得市盈率居高不下，并给那些相信利润递减定律的阶层带来了震撼。这些悲观主义者然后依靠提醒投资者历史上经济繁荣期总是以经济衰退而结束来试图阻止这种趋势的发展。这些对比之一是20年代的广播行业。由于广播行业在当时是新行业，所以利润从1922年6千万美元上升到1929年8.5亿美元，并且美国广播公司（RCA）每股价格从5美元升至500美元。美国一家新闻刊物把人们对互联网的狂热和人们对广播事业的狂热相比较时指出在1929年经济大崩溃时期，RCA投资者“几乎失去了所有资产”，而且“经过了30年RCA的股票价格才重弹回到崩溃前夕的高水平。”这篇文章强调的论点即是互联网的股票也会抑制经济的繁荣，而且一场相类似的灾难也会发生在这些股票和整个市场上。

另一篇由David Wessel写的发表在《华尔街时报》上的以悲观基调为主体的文章讨论了1882年伦敦电能股票行情的上扬和下跌。Wessel写到伦敦电能股票市场的历史是“一个神话传奇，它的初期发展和今天不断上扬的互联网股票市场有着惊人的相似，并且它可以看作是对现在人们的警告：英国电力的繁荣不仅仅是短暂的，而且也使衰退期随之而来，这次衰退使得电力在全英国的广泛使用推迟了几十年。”英国电能使用的整体情况大体是这样的：在19世纪80年代，天然气是照明设备的最普通的来源；但是，一些企业家认为电能将代替天然气。这些公司之一的Anglo-American Brush Electric Light Corp吸引了投资者的注意。在1882年，投资电能的投资者迅速增加，并使其股票价格从3月份的8英镑升至5月中旬的31英镑，但不幸的是年底股票价格即下跌至6英镑，并且让英国电力部门花费了几年的时间才使它重新繁荣。

RCA的崩溃和英国电能股票的倒塌都表明了投资于上扬太快的股票的风险，并且显示了繁荣的市场（又叫投机性市场）对经济的危害。但是，这些比较是有其致命的缺陷。经济发展史并没有表明市场应该受责备，而是表明了不适当政府政策的影响才是这些股票市场失败的真正罪魁祸手。在RCA例子中，并不是股票的高价格引起它的崩溃，而是不恰当的货币、贸易和税收政策引起了30年代的大经济危机，而且正是因为上述列出的原因导致了全部股票市场的严重下跌，当然也就包括RCA。而在英国电能的例子中，是议会通过的法案才引起泡沫经济的发生。

最后结果是议会屈服于来自政治势力强大的天然气公司的压力，并被迫在1882年4月通过电力法案（ELA）。这项法案授予政府在21年后以非常优惠的价格收购它们所在的地方电力公司的权利。ELA包括一则条款，这则条款允许市政府以“发动机、电线、砖头、水泥和其他成分……”的单个成分的估价来购买电力公司。这意味着企业管理、知识性雇员和顾客基础被估价为零。有多少人愿意给Yahoo！或新时代任何一家企业投资，如果政府可以以购买它的计算机、办公室大厦和电话线的方式收购它？如此繁重的条款使得投资枯竭，电能股票价格迅速下跌。正如经济史学家Thomas Hughes在他1983年著作的书中写道，“……小心谨慎的投资者认识到1882年通过限制性法案的议会有权力和有决心去阻碍经济发展。”

英国议会通过的法案不仅损害到科学技术的发展，而且也把英国推入劣质产品等级的国家。最终，这项法案得到修正，投资者和资本又开始重新进入电力公司;但是这大约花费了6年时间，因为法案对股票市场的破坏已经造成，而且这使得世界上其他城市在使用电能方面远远超过英国。英国不得不花费几十年的时间去赶上，到1913年底，芝加哥人均用电量是310千瓦小时，柏林为170千瓦小时，而英国仅为110千瓦小时。

尽管民间流传着电能股票投机过度及许多发电公司仅仅是一场骗局的谣言，但是在成功的操作下到19世纪80年代利润开始大幅上升。纽约的爱迪生发电公司（EELC）在1882年免费赠送电给客户用，所以它在1883年前两个季度损失了12 000美元。在1885年，EELC报道其净收入为49 500美元（即是总资本投资额828 000美元的6%），并且宣布其红利为4%。在1888年，当伦敦还在电能法令的表现形式上讨价还价时，EELC已经报道其已获得116 235美元的收益。到1890年，EELC的收益又猛增至229 078美元，比1885年增加了362%。甚至它在纽约的业务中，客户人数从1888年710人增加到1890年1 698人，电灯的使用量从16 377增加至64 174。这种迅猛的增长是英国投资者所期望的，但是因为电力法案，它并未在英国投资者所希望的时间和地点上发生作用。

虽然悲观主义者断言RCA和发电行业的崩溃证明了这些市

场是存在泡沫经济的，但是真正罪魁祸首并不是过度投机，而是政府政策的失误。它要么起到阻碍新科技发展的作用，要么引起整个经济的崩溃。泡沫经济仅仅出现在回顾里，并且它们经常被用来把对不适当政府政策的指责转移到对“无理性的投资者”的指责。随着我们迈入新时代，我们还不能愚弄我们自己，相信这些起负面影响的势力不会再次出现在历史舞台。虽然股票价格已经开始反映出较低风险的经济环境，但是不恰当的政策对股票市场严重打击的可能性仍是存在的。值得庆幸的是，今天的科技授权给个人，所以能够去阻止政策对经济的破坏。换句话说，新的高科技时代已不像以前的发电行业那样易遭受政策变化的打击。

每天我们都可以看到表现上述观点的例子。仅在最近一段时期，在得克萨斯州，一位法官公布了禁止零售架上出现 Quicken Family Lawyer(一个可以帮助自己动手的合法的软件包)的判决。Daniel Fisher 在 1999 年 3 月 8 日《福布斯》杂志中写到这个软件“通过提出问题例如询问人们有多少小孩及人们住在哪个州来帮助使用者制作按规格改制的文件。Fisher 认为，根据得克萨斯州合法社团的规定，询问这些问题“足够让人们把 Quicker Family Lawyer 软件归为不合法的条例中。”律师们争辩必须有法律学位才有权问这些问题，因此他们正在和这些类型的软件包的迅速增加而作斗争。另外，他们在担心他们的事业会受阻，而且事实上肯定会如此发生，因为软件包越来越卓有成效，而且个人越来越舒适地去使用它们。

虽然得克萨斯州的这项判决严重阻碍了 Quicken 软件的发展，但是它不能阻止个人想方设法去得到此类软件。这类程序可以很容易地从它的出版者（Mattel's Parsons Technology division）的网址 WWW. Parsonstech. com 下载得到，而得克萨斯州的法官们不可能冲破个人电脑去探测是否有人从互联网上下载该软件。在新时代，既得利益集团无论它们联系得如何紧密，将会发觉运用政府的权力去抵制竞争是越来越难了。这样，由于政府政策的失误而引起股票市场下跌的机会就大大减小了。

政治家除了在阻止竞争新模式方面遇到困难外，来自政府第四个阶层分支的压力也迫使其减少不适当政策的执行。这在 1998 年表现很明显。1998 年 8 月 8 日美国参议院以 96 票比 2 票的比例通过了禁止对互联网征税 3 年的法令。众议院在这之前已经通过相似的法令，而且总统也承诺他将签署此法令。这则法令迎合了市场的发展方向，使得在前 3 个月还下降了 40%的 NASDAQ 指数在 8 月 8 日迅速上升，并在未来 6 个月里增加了 60%。

新时代正以其独特的方式茁壮成长。人们认识到对互联网进行征税将会减缓新时代的增长过程，甚至，对互联网征税已演变成一个复杂而有争议的问题。例如，当艺术家通过下载到磁盘或磁带中而直接在互联网上售出他们的音乐作品，向他们征收销售税合理吗？艺术家还需对其售卖的音乐制品所得收入交纳个人所得税。由于没有中间的零售环节，人们很难证明为了增加收入而致使互联网销售复杂性提高的这种追加的一层税收是否合理。

对一些人来说，这个两难问题的答案很明显，但对其他许多人来说，需通过深刻思考才能逐渐得出答案。当然，互联网已经迅速改变了整个世界。互联网促进了生产力的提高，增加了选择的机会，并对经济增长和自由贸易产生有益的影响。由此可见，阻止互联网的扩张在政策上是错误的，最终会损害到市场和经济的发展。我们生活在一个独一无二的时代。虽然经济总是在逐渐演变，但是新时代比以前任何时期的发展都快。对投资者来说，这意味着我们必须集中于新时代而避免再次进入旧时代。

生产力发展——新旧对照

“因为企业能够比以前生产更多的高科技产品，所以这些产品的生产成本在下降，而且人们使用它们获得的利益也在增加，”Brian Arthur 在 1994 年写道。我们由定义知，这种“利润递增”的现象提高了生产力，但新时代科学技术的发展已超过大多数人的想像范围有其更广泛的影响。在新时代里，分配体系更加健全有效，先进的生产设备使得维持更少的库存成为可能，农民可以在农田里通过使用 GPS 系统来提高生产力水平，生物工程学增加了谷物产量，汽车不再需要发动机维修，计算机建筑设计允许我们用更少的材料建造房屋，甚至服务业的生产力提高也越来越快。浪费的减少和效率的提高增加了利润，减少了不必要的损失可以降低价格。此外，更多的信息流通使人们做好应付突发事件的准备。

在新时代的今天，无形产品的增值税比有形产品要高。投资者必须认识到各行业在利润递增定律下运营比在利润递减定律下运营所获得的利润要丰富得多。在新时代投资要仔细考虑清楚哪些行业将继续繁荣下去，哪些行业将萎缩。就目前来说，显而易见信息科技和通讯部门的发展比其他经济部门快得多。在下面的表格中可以看出，企业购买计算机和电信设备的费用占实际GDP的比重从1978年0.7%上升至1988年1.8%，再增至1998年5.1%。医疗保险、家俱、衣服和交通也比其他经济部门发展得快。但花费在食物上的支出在家庭预算中占更少的比例、购房支出占实际GDP的比重也从10.1%下降到9.7%。并且非住房型建筑（如仓储、商场和工厂）从占实际GDP的3.6%降到只有2.7%。

	20年变化的百分比	（在实际GDP中占的比重）1978	1988	1998
实际GPD	67.7%			
			（增长率）	
计算机和电信设备	1 123.3%	0.7%	1.8%	5.1%⇑
家俱和设备	283.6%	2.0%	2.7%	4.6%⇑

续表

	20年变化的百分比	（在实际GDP中占的比重）		
		1978	1988	1998
衣服和鞋	121.7%	3.1%	3.6%	4.1% ⇑
医疗保险	87.5%	8.6%	9.6%	9.6% ⇑
交通运输	86.8%	2.6%	2.7%	2.9% ⇑
			Falling	
汽车	63.5%	3.5%	3.9%	3.4% ⇓
住宅	61.7%	10.1%	10.2%	9.7% ⇓
食物	31.6%	12.1%	10.9%	9.5% ⇓
非住房型建筑	25.1%	3.6%	3.4%	2.7% ⇓

我们所经历的经济构成比重的转变比自工业革命时期以来任何时候的变化都要大。那时，工业代替农业占据主导地位；今天，信息时代代替工业和农业据主导地位。工业和农业仍保持强大的活力和丰厚的利润，但是它们在我们总体经济活动中所占的比例下降，这就意味着它们在总体利润中所占的比重也在下降。当一个行业在GDP中所占比重下降，那么从该行业中就很难获得利润。因此，只有那些使用新科技去提高生产力的企业才能在激烈的竞争中生存。

对于投资者来说，历史上从来没有晦涩难懂和固定的标准去评判他们选择投资哪家公司才是正确的；但是，过去20年的发展趋势可以帮助我们预测将来的投资方向。有形资源，例如石油和矿物等、农产品和消费品，包括汽车和住房都将继续在经济活动中占很小的比例。这些变化并不是刚刚发生的，它们只是在原有已经变化的基础上加速发展。此过程可在下面的表中得到证实。这个表格显示出1972年道琼斯工业平均指数第一次到达1 000时的企业组成成员；1982年指数超过1 000时的企业组成成员以及1999年指数超过10 000的企业组成成员概况。我们可以看出仅有13个最初组成1972年道琼斯工业平均指数的企业至今仍是组成指数的成员。

自1972年以来不再属于构造道琼斯工业平均指数的企业成员包括Anaconda采铜业，Bethlehem钢铁业，通用食品公司和国际镍公司。新加入的公司包括计算机制造商惠普公司和IBM，电话巨人AT&T公司（T），配送传奇沃尔·玛特股份有限公司（WMT），银行业巨人花旗银行（C）摩根银行（JPM）和美国快递（AXP）。有趣的是，现在花旗银行和纽约股票交易所有相同的标志，这个标志克莱斯勒在戴姆勒·奔驰收购它之前也曾用过。

正如所预期的那样，在过去几十年构成标准普尔500的企业组成成员也经历了相似的演进。在1964年，公用事业占标准普尔500全部市场资本额的19.4%，其次能源所占的比重为17.8%；第三基本资料占16.5%。而在今天，科技在标准普尔500市场资本额中所占比重最大，具体指数为19%；金融其次，占14.8%；

消费者服务产品占12.6%。但是，这些涉及范围广的变化在各个行业中，尤其是在科学技术中隐藏了令人惊异万分的发展。

Dow 30 Stocks：1999（10 000）1982（1 000+），1972（1000）

	DJIA 1999		DJIA 1982 In 1999 DJIA		DJIA 1972 In 1999 DJIA
1	Allied Signal lnc (ALD)	1	Allied Corp	1	Allied Chemical
2	Aluminum Co of America(AA)	2	Aluminum Co of America	2	Aluminum Co of America
3	AT & T Corp(T)	3	American Telephone & Telegraph Co	3	American Telephone & Telegraph Co
4	DuPont Co(DD)	4	El Du Pont de Nemours & Co	4	El Du Pont de Nemours & Co
5	Eastman Kodak Co (EK)	5	Eastman Kodak Co	5	Eastman Kodak Co
6	Exxon Corp(XON)	6	Exxon Corp	6	Exxon Corp

续表

	DJIA 1999		DJIA 1982		DJIA 1972
			In 1999 DJIA		In 1999 DJIA
7	General Electric Co (GE)	7	General Electric Co	7	General Electric Co
8	General Motors Corp (GM)	8	General Motors Corp	8	General Motors Corp
9	Goodyear Tire & Rubber Co(GT)	9	Goodyear Tire & Rubber Co	9	Goodyear Tire & Rubber Co
10	International Paper Co(Ip)	10	International Paper Co(Common)	10	International Paper Co(Common)
11	Procter & Gamble Co(PG)	11	Procter & Gamble Co	11	Procter & Gamble Co
12	Sears,Roebuck & co (S)	12	Sears,Roebuck & Co	12	Sears,Roebuck & Co
13	Union Carbide Corp (UK)	13	Union Carbide Corp	13	Union Carbide Corp

续表

	DJIA 1999		DJIA 1982		DJIA 1972
			In 1999 DJIA		In 1999 DJIA
14	American Express Co(AXP)	14	American Express Co	No Longer in 1999 DOW	
15	International Business Machines Corp(IBM)	15	International Business Machines Corp	14	American Brands,Inc
16	Merck & Co(MRK)	16	Merck & Co	15	American Can Co
17	Minnesota Mining & Manufacturing Co(MMM)	17	Minnesota Mining & Manufacturing Co	16	Bethlehem Steel Corp
18	United Technologies Corp(UTX)	18	United Technologies Corp	17	FW Woolworth Co
19	Boeing Co(BA)	No Longer in1999DOW		18	General Foods Corp
20	Caterpillar Inc (CAT)	19	American Brands, Inc	19	International Harvester Co

续表

	DJIA 1999		DJIA 1982		DJIA 1972
			In 1999 DJIA		In 1999 DJIA
21	Chevron Corp (CHV)	20	American Can Co	20	Owens-lllinois Glass Co
22	Citigroup lnc(C)	21	Bethlehem Steel Corp	21	Standard Oil Co Of California
23	Coca-Cola Co(KO)	22	FW Woolworth Co	22	Texaco lnc
24	Hewlett-Packard Co(HWP)	23	General Foods Corp	23	US Steel Corp(Common)
25	JP Morgan & Co(JPM)	24	International Harvester Co	24	Westinghouse Electric Corp
26	Johnson & Johnson (JNJ)	25	Owens-lllinois Glass Co	25	Anaconda Copper Mining Co
27	McDonald's Corp (MCD)	26	Standard Oil Co Of California	26	Chrysler Corp

续表

	DJIA 1999		DJIA 1982		DJIA 1972
			In 1999 DJIA		In 1999 DJIA
28	Philip Morris Cos (MO)	27	Texaco Inc	27	International Nickel Co
29	Wal-Mart Stores Inc (WMT)	28	US Steel Corp(Common)	28	Johns-Manville Corp
30	Walt Disney Co(DIS)	29	Westinghouse Electric Corp	29	Swift & Co
		30	Inco Ltd	30	United Aircraft

有一种很清晰地看出经济活动和行业内部转变的方法就是追随《投资者商业日报》(IBD) 对美国股票市场按价格权重对行业的归类分组。IBD 把股票市场分成 197 个行业类别，并继续在创造新的类别，调整它所列出的分组单。在 1991 年，IBD 把计算机和半导体行业分成 7 个不同的分支类别。自从那时起，这些行业就迅猛发展；在 1999 年，IBD 把这些行业分成 18 个不同的分支类别。许多组成这些新的分支类别的企业在 1991 年并不存在。IBD 对行业的分类工作通过指出哪些行业在增长，哪些行业在倒退来

帮助我们对经济发展和股票市场进行更好的分析。

在计算机行业分组内部发展最快的一组是计算机软件互联网这个分支。另外，因为蜂窝式无线通讯公司的存在使得电信分类中又加入一个新的类别。整个世界的联系越来越紧密。互联网终端、无线通讯电话、无线通讯设备、在线购物和信息的即时传递都成为新时代不同于以往的特征。经济以令人难以置信的速率增长。

繁荣的网络经济

● 在 1999 年 3 月，全世界大约有 1.58 亿人使用互联网，而 1996 年使用者还不到4 000万人。美国使用互联网的人数从 1993 年少于 500 万人递增到 1999 年 3 月的7 940万人。

● 在 1998 年底，50.3%的美国家庭资产中拥有个人电脑，并且去年有六百万美国家庭购买电脑。因为计算机的价格下降，其市场占有率会持续上升。

● 互联网上的终端（即通过 IP 地址和互联网联系的计算机）数量从 1989 年 1 月8万台增加至 1999 年 1 月4 323万台。

● 在 1985 年，美国无线通讯电话行业有203 600位用户。在 1988 年，用户已剧增到1 608 697位，比 1985 年增加了 690%。到

1998年底，共有60 831 431位用户，又比1988年增加3 681%。随着数字无线通讯设备价格的下降和电池使用寿命的延长，在未来十年里用户的增长速度可能会更快。实际上，无线通讯电话系统最终会取代现行铜线系统特别是当手提电脑和电话的性能开始与那些台式电脑的性能一样时。

● 美国在线（AOL）在1991年181 000位用户中销售额为2 140万美元。到1999年底，它的销售额已增至29.4亿美元，而且用户人数上升1 500万人。

● 亚马逊网站（AMZN）是第一家在线书店，它在1996年的销售量不到1 600万美元。到1997年底销售额增至1.48亿美元，并且在1998年销售额达到6.1亿美元，在两年里增加了3 700%。

● 思科（CSCO）在互联网上的销售数量迅速增加。在1996年，思科通过互联网出售商品获得的销售额稍高于1亿美元，而在1998年7月，思科通过互联网已能够售出价值为54亿美元的商品。

这些急剧上升的数字表明了互联网和网络式经济改变了整个经济面貌的势头。它的变化之快是如此激动人心。MCI Worldcom Inc.(WCOM)的互联网服务部门UUNet估计互联网流通量因为越来越多的声音、数据、声频和视频充满世界通讯系统而每100天增加1倍。无线电通信和声音已经通过互联网传播，这样大大降低了它们的成本，使消费者购买力加强。这种快速增长影响到每一个行业，因此千万不要低估数字革命的影响力。

任何一个起步的小网站都可能迅速扩大。例如，加利福尼亚南部的一位不知名的年仅30岁的青年人两年前创建了一个没有任何虚饰的网页。他的名字叫Matt Drudge。他的特殊才能是从新闻中挖掘出新的信息出来。Matt不同意人们中流传的鲍伯·多尔在1996年会选择Jack kemp作为他的竞争伙伴。他还抢在国家新闻界之前刊登关于总统和莱温斯基的轶事。主流新闻界都非常严厉地批判他，认为他不是一个真正的新闻工作者。但是，这种主流文化并不能控制大众。Matt对网络有他自己的理解方式。他完稿速度很快，而且愿意写别人不愿写的材料。因为这样或那样的原因，他的网页在人们中流行起来。1999年3月底，他的网页的点击人数超过1 800万人，甚至超过CNN、MSNBC、ESPN网站、《纽约时报》、《洛杉矶时报》和《华尔街时报》网站联合起来所接待的人数。

你一定要相信将来会有一天你可以通过无线互联网在小汽车上收听广播，而且能在国家的任何一个地方都收听到你想听的台。你不需要把录像机放在后座上只为了使你的孩子在长途旅行中有事可做，因为你可以从迪斯尼网站上下载他们想看的任何一部电影，并把它放在银屏上。当你迷路时，互联网和GPS单元能帮助你找到正确的道路。当你想走进商店去购物（如果你确实愿意离开住所去购物的话），你可以将任何一件商品的条形码扫描进你自己的手提电脑，然后通过电脑在网上录找哪家商店此类商品的价格最便宜。如果你认为这听起来像科幻小说，那么你仍然还没有完全相信科技带给我们的震撼。实际上，上面描述的这些变化几年之后就会发生。它们不会因为我们不想它们这样做而停止；它们会继续变化下去直到它们按自己的轨迹还要发展 20 年或 30 年。就在几年前，大多数人还从没有听说过互联网，而今天，很多人都在使用它，就像它很久以前就存在的一样，并且它将以令投资者不能忽视的速度增长和扩张。它不是虚幻的东西，而是真实存在的。

亚伯拉罕·林肯在 1859 年对之进行了很好的归纳。他说，“我们经常听到有‘朝气的美国’这个词 。他目前处于其生命中最有朝气的时代。一些人认为他自负且自大，但是难道他自己就没有理由拥有一个更加广泛含义的自身吗？难道他不是现在的发现者和所有者及将来惟一的希望吗？……他因为支配世界进而拥有大部分世界的权利。正如柏拉图寻求灵魂的永垂青史，有朝气的美国也有一个令人喜爱的需求——一种渴望——即对领土的占领。他对‘新事物’有一股热情……他是人性的好朋友，并且他对领土的渴望不是自私的，仅仅是扩大自由领域的冲动。他所恐惧的不是别的什么东西而是旧事物，特别是‘老保守’；而且如果还有什么它可以忍受的话就只剩下古老的威士忌和烟草。”

扰乱型科技和新时代

正如新时代显现的那样，世界上许多年轻人和新科技在改变经济蓝图和破坏一个又一个商业模型。亚马逊网站的创造者贝佐斯的言论已经比福特汽车公司首席执行官帕特的言论更容易让人听从，因为亚马逊网站创造了一个新的商业模型而福特汽车公司仍维持原状。

Clayton Christensen 在他 1997 年《创新者进退两难的境地》这本书中以非常清晰的方式讨论了科技的两种发展类型："维持型"和"扰乱型"。维持型科技"是指增加已经存在产品的表现内容，以主流顾客在主要市场已经历史性评价过的表现形式为半径而展开。"在崭新的小汽车中装上茶托和充气囊就是一个例子。这种类型的产品改进是具有代表性和非关键性的提高产品价值的方法。

另一个不具代表性的是扰乱型科技。它"可能会导致产品至少在近期内以更差的形式表现出来，"但是最终这些产品将会在它们的市场上占主导地位。例如，微型钢铁制造厂当它第一次建成时只能在质量非常低劣的市场上竞争，但是现在它甚至具备在竞争非常残酷的市场上竞争的能力。这些科学技术是如此之新以至于竞争者很少注意到它们，因为他们认为这些技术不会是太有价值的东西。扰乱型科技包含的知识是为了用全新的方法赶走已经存在的旧科技。投资者必须注意这种现象，它可以解释今天发生的许多事。

Christensen 写这本书的目的是为了指出发展态势良好的公司是如何特别容易遭受到“扰乱型科技”的影响的。因为这些公司只做已经证明是正确的事，所以他们极少可能过早采用扰乱型科技并使其成为行业发展的力量。通过听取顾客和投资者的意见，这些公司将回避最先导致出现产品更差表现形式的新科技，因为顾客希望拥有一个比他们已经使用的更好的版本。Christensen 认为理性管理者“几乎很少为进入低利润且范围小而竞争力弱的市场建立一个有说服力的例子。”在线贸易就是一个很好的例子。主要经纪业拒绝相信在线贸易对他们来说是一个很好的市场，但最终由于在 1999 年初几乎丧失了 25%的市场占有率而投降。因为经纪人转变了观念，所以引发了价格战。

新时代显示出的“扰乱型科技”的例子到处都是。刚开始数码照相机由于其质量差并不对高质量照相机市场产生威胁，但是它的技术含量在迅速提高。那么尼康相机该做些什么呢？它的顾客想要高质量的产品，而且若其生产出低质量的相机则会破坏尼康相机的良好声誉。同时，数码相机制造者越来越善于生产这种类型的产品，而且他们提高品牌的学习曲线，降低品牌价格曲线，并深信在短短几年内必将形成新的市场。

另一个扰乱型科技的例子是无线互联网和网端接口。今天这种技术仍然很新而且市场占有率很小，但它绝大多数可能是通讯业发展的下一个高潮。互联网上银行业也是这样。虽然，目前它给人的信任感和舒适感很差，但总有一天会有许多人愿意使用在线银行业务，就像人们现在不得不使用在线贸易一样。类似的例子不计其数，投资者和企业主必须仔细考虑“创新者的两难境地”。当一个公司在服务于它的顾客时，某人提供一个看似无任何竞争力的劣质产品，更不用说这种产品可以获得利润，而最终就像被施了魔法一样，这类产品渐渐主导了市场。

有趣的是虽然我们被告知在投资时一定要获得利润才行，但是当一种科学技术是扰乱型类型时，利润实际上是表现为负收益的。在新时代，若一家公司获得了收益就意味着该公司正在牺牲长期利润的增长来换取短期利润。亚马逊网站就是一个很好的例子。亚马逊财务总监 Joy Covey 是这样描述的：“我们经常说我们必须为我们的顾客牺牲短期利润来换取长期效益。我想投资者会惩罚我们的，如果我们背道而驰的话。”此外，投资者要注意互联网企业股票价格的走向，这正是他们所要密切关注的事。在生产力发展提高的早期阶段，投资者必须为新科技的发展提供资金。

但是，并不是新时代里每一家公司的发展都是成功的，可能只有不到 20%的公司能够成功运作而不被收购或不以破产而告终。微软，戴尔和思科都是不按正常轨道发展的公司，而且没有水晶球（传说中一种可以预测未来的魔球）可以告诉你购买哪家公司的股票最好，记住这一点在新时代里作出投资决策是非常重要的。“经济增长就像不断上涨的潮水并不能抬起所有的船只——即公司，” IBD 的记者 Loren Flecken Stein 写道，“它抬起一些船只，淹没一些船只并沉下去其余的船只。” 有趣的是大多数分析家都集中于分析并不是所有新时代的公司都会生存下来，当还存在一个更加重要的问题需要解决时——那就是旧时代的哪些企业可以生存下来？扰乱型科技既创造利润、也损害利润的增长。投资者应该寻找这些科学技术并把它们投资于新时代而不是旧时代。

找寻错误配置的资源

——管制的撤销为此提供了机会

假如说科学技术没有为新时代的投资者提供足够的兴趣或挑战，那么管制的撤销也起了很大的作用。那些以前被严格管制的行业机构臃肿，没有效率，但它们想快速发展。因此，一旦管制撤销，它们就又成为自由的企业。电话系统就是一个很好的例子。AT&T 现在看来是风险很小，比较稳定的投资对象，但是在管制撤销前它的总体价值和副产品（例如 Lucent Technologies）降低了它自身的价值含量。虽然除了 Amtrak 以外没有其他行业被国家垄断，但是高管制的行业，例如当它们的市场被打开时，健康医疗、电力、金融和教育部门都已准备好摆脱政府管制。

显而易见，银行业和金融业一直都在寻求完整的无管制的发展，而且目前电力管制撤销的势头日益增长。这与健康医疗和教育完全不一样。它们的外围都已开始在发生变化，虽然完全的管制撤销仍需要很长的一段时间。但是所有这些行业中的每一个都有许多机会完全撤销管制，只要政府的干预在新时代继续减小。

管制撤销的趋势是新时代最有意义的发展之一。人们对运行不好的部门会非常失望。顾客服务已经成为运行好的公司的定义，消费者购买力比以往任何时候都强。而且正如我们所知道的：顾客服务经常是我们最后从健康医疗和教育协会中得到的东西。有趣的是，它们也是大政府主义最后发挥作用的场所。当克林顿总统在1993年试图把经济中的健康医疗部门收为国有时，他表示政府控制的加强不是大多数美国人民所希望的。

不幸的是，前方的道路并不清晰可见。选民似乎不愿意推动完全管制撤销的实现。因此，是私人部门的主动性重新塑造了这些行业。新时代中降低了选择教育方法的成本，创造了以前需花费很多的新医疗程序，更为重要的是，它还节省了大量资源。经济活动中这些部门为将来的投资者提供良机就好像私营部门创造的新事物；例如在线教育和一些学习工具等取代今天墨守成规和官僚气息重的教育体系。

从休闲时间和财富积累中获利

经济发展史表明经济活动越是创造更多的财富，专用于娱乐、休闲和生活质量的那部分资源就越多。Starbucks 咖啡店若出现在70年代不可能取得成功，但是在新时代的今天它们却发展很好。财富是一件有趣的东西。因为经济以每年3%到4%的速率积累财富，所以财富正悄悄向我们走进。但是不可否认美国变得越来越高雅时髦，休闲时间越来越多，可这并不意味着外界对我们的压力降低了，相反，它意味着当我们想要放松一下紧张情绪时，我们有更多的机会可以选择。

例如：

●观看1997—1998赛季NBA篮球比赛的人数比1982—1983赛季观看的1 036万人增加1倍有余，达到2 180万人。

●女子NBA（WNBA）最终在1997年发展起来，并在1998年赛季拥有160万球迷。

●1998年观看棒球比赛出席人数增加到7 000多万人，观看汽车比赛的人数每年几乎增加2 000万人，另外，职业拳击比赛也吸引了大部分观众。

●自从1980年建立的非盈利性交响乐团有110个，使得美国交响乐团得以超过 800 个。更为重要的是，这些交响乐团并不全都在我们所称作的典型的大都市里。

●剧院发展很快，从 1997 年到 1998 年观看戏剧演出的人数达到2 700万人。此外，书店销售额在 1995 年超过 21 亿美元，而且从那时起，销售额不断上涨。

这些趋势在新千年会继续下去。财富仍会迅速增加，因此支出结构也在转变。这种转变比我上面讨论过的变化要多，但是上面的一览表已经显示出财富的影响力。随着财富的增加，对飞行训练、上语言学习班、音乐班、看电影和休假的需求增加。那些曾只集中于积累财富的公司现在能够购买大部分先进设备。航空公司将会满客飞行，轮船也将运载满舱货物而行驶，人们将很少坐车，而且越来越多的美国人拥有他们自己的住房、船只和二手车或渡假屋。那些被我们 10 年前称之为“夸耀性消费”在今天已变得很普通。

这些趋势对投资者来说很重要——投资者要关注这些变化，而不要一味听从专家的言论。也不知道有多少次你曾听到过这样的言论，人们将不会再去支付超过 1 美元 1 杯的咖啡？可是这从未发生过，而且星巴克咖啡屋几年来生意十分红火。财富的新时代将继续创造高质量的消费商品和刺激那些提供休闲和娱乐的公司的增加。

最后注意的几点

在新时代，股票是很好的投资对象。只要美国政府避免出现象20世纪30年代和70年代那样作出错误决策，股票市场将仍旧是好的投资对象。投资分析家认为新时代会继续避免重大的政策失误，并且还认为许多悲观主义者断定所看到的泡沫经济现象只是市场财富创造的反映。

列出受益于新时代的每一家公司或每一个行业是不可能的。但是，主要趋势表明科学技术含量高的事物（如计算机、生物工程学和电信）是你资产投资的最重要的方向；第二点需强调的是利用科学技术来提高公司的利润；第三点是公司要准备好摆脱政府管制的束缚；最后一点特别说明的是娱乐和休闲活动。只要努力投身于新时代，你就能提高投资利润。尽管人们投资于经济的这些领域有很高的市盈率，但是有什么可担心的呢？它们之所以被市场高估是因为它们有很大的潜能。投资者要保持乐观的态度，要相信新时代真的到来了。

第 十 一 章

选择合适的股票和共同基金

在前几章详述的投资方式表明在新时代每一个投资者都应该持有股票，但是这不意味着每一种股票都可盈利，而且它也绝对不意味着你应该把自己的100%的资产投资于股票，即使股票在最近几年发展态势很好，但股票终究是有风险的投资，所以一个稳定而有节制的投资方法是解决问题的钥匙。只有在后见之明里才存在获得财富而又无风险的策略。

在你决定把你的资产投资于股票时，你必须做出四个决定：

- 你把百分之几的资产投资于股票？
- 你投资那种类型或那个行业的股票？
- 你自己管理你自己的资产还是雇其他人来为你管理自己的资产？
- 税收对你的决定影响有多大？

你应该投资多少——110规则

投资多少是最容易做出的决定。很久以前学会的按实际经验估计的简单规则看上去是决定你将百分之几的资产投资于股票的最合理的方法。你只需要从110里减去自己的年龄，剩下的即为那个百分数。如果你是30岁，你应该把80%的资产投资于股票，若是50岁；那么投资60%；即使你到90岁高龄，你还应该把自己的20%的资产投资于股票。

一旦你使用这条规则决定投资于股票的恰当数目的资产，那么就到了该调整这个数目的时候了。如果你对用公式算出来的结果感觉不舒适，那就不要采纳它。你宁可睡觉也不要去采纳其他人的按实际经验估计的方法。但是千万不要害怕股票市场。放弃那个公式直到你自己觉得很舒畅，并且不要每天都关注你手中所持的股票的价值的走向。在生命中有比关注股票价格移动更重要的事。在另一方面，如果你已经勤俭节约多时，而且有足够的资源很容易超过公式所得的值，那么就采纳这个结果。在新时代，只要对繁荣产生威胁的四个要素仍停靠在岸而不出现，投资于股票的风险就会低。

在你决定中，另外一个因素的影响是可能改变你投资决策的一些特殊的环境。如果在近期你有义务要承担，例如要支付学费、房租或健康医疗费，股票不是持有那些钱的正确的选择形式。因为股票价格变化多端。例如在 1998 年中期，股票价格在 20%和 40%间下降。如果你在 10 月份需要那笔钱，并且那时股票下跌严重，那么你拥有的资产会比想像中的少得多。相对来说，债券和短期货币市场工具更加适合于持有近期所需要的资金。另一个特殊的因素是对收入的需求，如果被迫去做薪水不高的工作，你将会想从你的投资中获得更多的收入，这也将驱使你多投资于债券，少投资于股票。

我该购买什么股票

投资者不可能购买所有他认为合适的股票。我们只要看一看单位信托投资公司的管理者经营得有多差就可以得知。在近几年，市场利润从总体来看一直都超过单位信托投资公司的利润。在 1999 年初，《华盛顿邮报》头版的标题为“指数基金超过专家。”华尔街时报的标题也谈到“火热的市场抛弃冷淡的基金”这些头条标题都指出了 1999 年第一个季度信托投资公司的经营不善。但是，这不是新出现的现象。根据《信步华尔街》的作者 Burton G ·Malkiel 所述：“在大多数年份里，标准普尔指数基金的利润率比平均(基金)管理者的利润率多两个百分点;在1988年到1998年的10年里,指数基金的利润率比平均管理者多3.5个百分点,并且它比9/10有活力的管理者做得好。”这就给投资者一个疑问:如果因管理这些基金而被支付大笔资金的专职管理者都不能打败市场,那单个的投资者还能有什么机会呢?

调查结果表明那些打败市场的信托投资公司的管理有一个共同的特征:他们都投资于从新时代趋势中获益的那些经济领域。在1999年3月31日前的10年里,包括再次投资的红利,健康医疗和生物工程学的基金每年以20.98%的速率上涨;科学和技术基金上涨速率为24.59%;电信基金为20.64%,金融服务基金为20.72%。相反,标准普尔500获得的利润每年增加18.97%。

在这些经济领域里股票价值的迅速上升表明新时代确实到来了。更重要的是这种经济增长在将来可能会持续几十年。因为世界上人口超过50亿,而使用互联网的只有2亿人。所以发展的潜力很大。此外,“利润递增定律”表明,随着网络的扩大,它的价值增加得比加入它的消费者人数增加的速度还要快。因此,这些行业和部门在未来几年可能会以更快的速度递增。

价值和经济增长

今天世界投资决策中最重大的争议问题之一是投资于价值股票（即那些公司从总体来看以低于市场的市盈率来出售股票）还是增长股票（即那些公司以高于市盈率来出售股票，但公司发展飞快）。在90年代，增长股票就已经比价值股票发展得好。从历史上看，在增长股票和价值股票之间的任何差异最后都能纠正过来，趋向一致。但是在新时代，事情并不如此发展。在新时代，经济比历史上任何时期增长都快，并且科技指数曲线提高。这两者结合起来使得增长股票比价值股票有价格优势。例如，价值股票投资者从来都不会购买微软公司（MSFT）或通用电子公司（GE）的股票，因为他们的股票总是以相对市场来说看似较高的市盈率出售。同样的事也发生在美国在线（AOL）。

显而易见，并不是所有高市盈率的股票都能经营得很好，就象上面提到的三个公司一样。寻找到这样的公司关键是找那些正在转变理念的公司。说到这里，我又要回到Clayton Christensen和他的“扰乱型科技”理论上来。通过把那些改变经营模式的新时代公司隔离开来，我们就可以发现财富的巨增。我写作这本书的目的不是告诉你们那些将要改变企业蓝图的新公司的名字，相反，我是让你们信任新时代并为你们指出它的一般发展方向。今天，我们可以肯定地说，经济活动中一些增长的部门会继续发展下去。我把经济中6个新时代的部门列在下面。这个清单并不是包揽无余的，恰恰相反，它突出强调经济活动中的某些行业和部门。这些行业和部门已经发展成熟并有能力转变经营方式，而且他们还必须有为那些投资于用新技术挖掘其最深层次潜能的公司的投资者创造大量的利润的潜能。另外，许多经济部门将会受益于新时代所创造的财富。

●**生物工程学和健康医疗公司**位于下一个科技高峰的最前列。DNA研究，有助于人们生产出药品同曾经认为是无法治疗的相关健康问题作斗争。以前，机器的改变是提高农业效率的关键，但现在生物工程学的进步会使农产品在未来的10年到20年里成4倍或5倍的增长。这项研究的价值和基因映射的影响一样巨大。激光治疗纠正许多视力问题，并使得一大部分人摆脱了眼镜的困扰。显然，新时代的观念和那些在如此广泛的多样性的行业里成功生产并推销新产品的公司将会从中获得很大的好处。新时代的投资者应该活跃于这个领域。

●**电信业**的进步是推动互联网按它所期望的那样发展的关键。光纤网络开始环绕整个地球，并且收视技术迅猛提高。数字化无线通信网络飞速扩大，而且数字化无线通讯的世界标准也由Qualcomm（QCOM）和Ericsson（ERICY）建立起来。卫星系统，例如Globalstar（GSTRF）和Hughes' Direct PC（GMH）把整个世界联系成网络式，并越级提升第三世界国家的陈旧且不充分的电话系统。人们不再需要等待政府官员或国有企业来满足他们的需求。他们很快将能使用世界一流的电话系统，并且其费用不断降低，有可能会降到一分钟几便士或一小时几便士。个人联系设备能使你把互联网带在路中而不需要接通固定电话亭的电线。当声音、数据和录像带的流通量增加，新电信网络的企业主将从中获得难以置信的收益。而且，相信这种趋势的投资者也会获益匪浅。

●**金融服务**随着新时代财富的增加而迅速完善。当世界贸易量和投资流量比世界经济增长得快，并且当通讯的成本在下降，那么这个新系统中的金融支柱会发展变化很快。互联网银行业和电子货币继续走在线贸易道路，并且它们以指数的增长率来发展。货币的管理方式，账单的支付模式，生命保险的购买途径甚至以及IPOs的推销方式都被网络式经济改变了。潜在的增长几乎是无限制的。当世界越来越像一个相互联系的金融村时，资源将会被配置到最需要它的地方。属于这种结构的金融服务公司不仅仅提高了经济增长速度，而且也取得大量利润。例如Citigronp (C) 已经为日本任何形式货币的储蓄者提供他们想要的储备金和支票。每月的结算表表明了那些以各种各样形式的货币形式表现的价值。这是投资者寻求高利润的另一块领域。

●**互联网商业**在下一个10年会迅速发展，因为贸易和通讯的成本在下降。零售电子商务将深入经济的每一个领域。在1996年到1998年间，亚马逊网站3 700%的收入增长率和思科公司5 300%在线销售额的增加将会在一个行业又一个行业里发生。在线租赁、买车、购买水果、配送录像机和CD盘以及旅游计划安排等都会出现在网上，并逐渐增多。更重要的是，当计算机携带更方便时，你的办公室将和你同行。你的日程表，E-mail，股票份额、黄页电话簿、地图、天气预报、计划安排和电话记录都可以从你的手提电脑中得知。计算机价格会继续下降，而通讯速度会提高。这个领域的高P/E比值被新时代里许多网站公司拥有的潜在增长率所证实。不要低估这个新系统改变现行商品和服务配送系统的速度。所有这些企业都将提高人们对配送服务例如FedEx (FDX) 和UPS的需求，而且离邮局私有化的那一天已经不远了。

● **教育**是新时代增长最快的领域之一。因为联邦或州政府拥有和管理如此众多的教育基础设施，所以在这个竞争领域很少存在真正的投资机会。但是许多公司正扩大自己的经营范围而加入经济活动中的这个部门，而且企业潜能也在迅速增强。新时代正在改变经济面貌，而且人们越来越认识到一生不断学习是最重要的。35岁或年龄更大的上过大学的人数百分比在1970年是9.6%，但到1995年递增至19%，而且据估计在2000年会到达20.5%另外，包括初等教育和中等教育的私人学校迅速建立并发展起来。受益于教育需求增加的公司可在纯教育领域找到。例如，Sylvan Learning Systems, Inc.（SLVN），就是一个例子。在印刷行业，McGraw-Hill (MHP)（这本书的出版商）正在为终身学习发展新的工具，并还在寻找加速课本出版过程的方法。在线大学可能变得越来越普通，学生（无论他们住在那里）都能够接触到来自世界各地的最好和最聪明的老师。

● **旅游和休闲**将在新千年迅速扩展，并且其循环周期变短，而不是变长。消费者财富的增加提高人们对旅游的需求，航空公司必须充分利用这个现实。飞机的客载率比以前高得多，而机型也比以前大，燃料使用会继续增加并且飞机可靠性也将提高。虽然航空公司因为其巨额资本支出的需要和对循环压力的敏感性，总是属于不稳定的投资对象，但是，新时代将减轻这些负担。因为需求的增加，飞机的价格会下降，而且造成严重的长期性衰退的机会十分有限。同样的发展有利于所有的娱乐和休闲活动。职业运动队已经出价到10亿美元，足球竞技开始受到人们的欢迎，女子国家篮球协会最后也在市场上占一席之地。电影、戏剧、管弦乐队、乐团、高尔夫球 、滑雪，以及旅行和普通旅游的增长速度也比经济增长快。当财富增长和过去17年一样快时，消费者面临着一系列全新的可能发生的事情：对许多个人和家庭来说，这意味着支付旅游、娱乐和休闲的能力比以前大大提高了；对投资者来说，这意味着高增长率发生在许多休闲和娱乐行业中，并且在这些行业中，获取利润的机会非常大。

纯经济现象

每一个经济活动部门的利润不断递增，受益于不断增加的社会财富，或者受益于全球化。这些部门中的每一个都比经济发展速度增加得快，而且尽管这些行业股票价值很高，但是毫无疑问他们必须在你的资产里。虽然在这些行业的股票价值有所下降时，购买它们是多么美好的一件事，但是它们价值下降的可能性太小。它们会一直维持高的价格，并且有可能在将来价值还要上升。

怀疑者和忧郁的科学家一直以来不断提醒我们，经济增长的好时代就要结束，而且有时他们看上去是正确的。但是具有耐性并坚持投资于增长性行业的新时代股票的投资者将会获得丰厚的报酬。通货紧缩十分有利于新时代里的企业。世界竞争给那些帮助其他公司加强竞争力度的新技术企业带来了机遇。那种相同的竞争减小了与耐用商品制造业竞争的那些公司的定价的权力。旧时代企业的进步是建立在“维持型科技”上，而新时代企业的发展是在“扰乱型科技”的基础上。只要扰乱型科技取得成就，它们就变成纯经济增长活动。投资者如果忽视它们就太愚蠢了。

如何去管理你新时代的投资

留给投资者仅有的一个问题就是在新时代如何去购买股票。你应该每天交易吗？你应该购买个人股票吗？还是你应该购买共同基金？这些决策中每一个的采纳都有许多投资者取得成功。但是它们并不适合我们所有的人。历史表明投资者之所以获利是因为他们坚持一种建立在韧性和风险多样性基础上的长期的有规律的投资方式。为了实现这种方法的惟一途径是一直不断地节约，并且投资于至少 10 种不同的股票。

每天交易

每天交易并不是建立长期财富的最好途径。它需要一种经常产生相反效果的时间的承诺。你已经花去你毕生的经历培养了自己的一种技能（例如木工手艺、销售技巧、编辑方法）来赚钱，但是当你过份集中于交易你每天的资产时，你正慢慢失去增加你财富的最好方法——提高你最好技能的生产能力。那些你从隔天交易者那里听来的成功的故事，经常对你很有诱惑力，但是从事每天交易的真正获利的人相当少。

如果你厌恶你的工作，并且认为从事每天交易的职业更能发挥自己的潜能或更具有刺激性，那么我给你的最好忠告是寻找一个新的工作或重新回到学校。由此可见，财富是通过越来越善于你做得最好的事或通过投资于那些做相同的工作的人们而建立起来的。

共同基金

如果投资者开始以少于50 000美元的资本进行投资，那么购买多种多样的股票是昂贵的，尽管在线交易的成本很低。因为这是一个相对比较小的资源基础，所以你最好的投资决策是购买股票共同基金。这样做有两个原因：第一点，尽管在线佣金少于10美元，但是你比那些大的投资者支付更多的钱购买相同的股票。隐藏的成本在加大。如果你一年交易20次，隐藏成本加上佣金可能会使交易成本达到你资产价值的5%；第二点，一种共同基金比你手中相对较少的储备金更能投资于不同种类的股票。多样性不但降低风险，还允许你投资到更广泛的企业中。

这些利益的取得是有代价的。共同基金是有管理费用的，而且有时收取前期或后期的费用（即投资者购买或抛售一种基金一次所花的成本费用）。但是许多发展好的共同基金没有成本费，可它们还是收取少于1.5%的管理费用。这些基金就是你应该关注的投资对象。对一个少于50 000美元的新投资者来说，全部费用比购买和管理个人股票资产的费用低。

有时，即使大投资者也应该购买共同基金。在时间和精力上研究投资决定的机会和成本是一个极好的方法。你离开你的家庭和你选择的职业，每一分钟都是有成本和这种行为相联系的。这种费用是不可能精确测定其数值的，但是不要愚蠢地认为每一次你进行的8美元的股票交易，你都能获利。让其他人选择股票种类并管理你资产的费用比共同基金收取的费用要昂贵得多。

什么形式的共同基金在新时代发展态势好

第一件我们需要记住的是并不是所有的信托投资公司的管理者都相信新时代，因此你有可能自己都没有发觉你违反了本书提到的理论而投资了一种共同基金。有两种方法可以避免这种易犯的错误：第一个，是从整体上投资于市场——或者投资于指数基金、或投资于总的市场基金；第二个方法即购买投资于新时代经济部门的股票共同基金。

因为这些涉及范围广的指数，例如标准普尔 500 或 Wilshire 5 000(和那些模仿它们的指数基金)，它包含了能够代表全局经济的股票，所以通过投资它们，你将从正在转型的新时代里获益。当整个经济获益时，整个股票市场也将有利可图。这就是为何信托投资公司的管理者近几年来业绩一直不好的一个原因。大多数管理者追逐发展态势好的股票，因此，它们大体上总是落后于市场，当指数基金已经被投资到这些股票时。另外一个原因是许多决策者和经济学家完全忽视新时代的发展过程。他们认为 P/E 比值太高，而且认为被低估的经济部门是最安全的投资对象。但是股票价值的落后是有一个原因的：这些公司比起其他公司更少的受益于新时代的趋势。投资于指数基金或总的市场可以使投资者避免犯上面的错误。更重要的是有些指数基金只收取少于资产 0.2% 的费用。没有单个的投资者可以比这个更少的成本管理自己的资产。

上面列出的在新时代投资于经济部门的那些资本在未来几十年将会趋向于超过投资于其他共同基金或总体市场的资本。这些行业会继续快速发展，并且利润会成倍上升。这些经济部门可能不会每个季度或甚至每年都比市场发展得好，但是新时代的公司一直在改变世界。你必须持有一些这些行业的股票。

对于许多小投资者来说，共同基金经常是投资于新时代市场的仅有的安全方法。没有人知道哪种具有竞争力的科学技术将会在通讯传递中取得优势。是电缆、电话、卫星设备还是数字无线通讯系统在将来成为信息传递体系的主导力量呢？哪家公司可以探寻出糖尿病发病的致因？哪些金融服务公司能够得到全球金融村运行最好的殊荣，而且谁能够在在线贸易战中生存下来？多样性是对待新时代这些领域里令人难以置信的快节奏的变化的重要途径。因此，只有拥有更丰富资源的投资者和信托投资公司才能恰当地投资于增长性行业。

投资者可以获得的去寻找和选择这些基金的低成本资源从来没有这么容易地被投资者获得。通过互联网和全国各地的经纪行或共同基金的分析家那里积累的丰富信息已经让人觉得不可思议。Morningstar 共同基金的排名可以在美国在线上得到。另外，对这些基金的审查和比较是通过在线经纪行，例如 Schwab 和 Fidelity 提供的。而且通过研读这些报告和使用可以得到的工具你能够在短时间里变得知识丰富起来。但是并没有什么奇异的方法来选择合适的基金。仅仅需要明确一点，通过研究每一种基金的投资策略，基金最终会按你想要它发展的方向去发展。

50/50 策略

新时代迫使你不得不加入到股票市场，因此你必须制定一个成熟的策略来进行资本投资。对小投资者来说，能够使你降低风险和提高利润的策略是需要的，也是可能存在的。它被称作50/50策略，而且它非常简单：把你的一半配给投资于指数基金的股票，而把另一半投资于新时代部门基金的股票。在过去的10年中，这个策略已经发挥了作用，并允许你以自己资产构成的足够多样性去避免选择股票时易犯的错误。

投资个人股票

在线交易的成本在继续下降，并且这种趋势会继续下去。因此，拥有超过100 000美元财产的投资者经常可以少于大多数共同基金的成本建立他们自己的资产组合。例如，如果每年交易的手续费是10美元，那么100 000美元的资产组合可以拥有20种股票，成交量为资产的60%（即每年交易12种股票），而且全部交易费用每年仅为0.24%。当然，差距继续是一种隐藏的成本。但是，通过购买100股的倍数的股票，那些成本可以降至最低极限。购买少于100股数量的股票经常导致投资者支付比真正市场价格高得多的价格。虽然小投资者可以而且确实有人购买个人股票，交易的成本会使得它成为比共同基金缺少吸引力的投资对象。

管理你自己的资产有两个优点。首先是税收的问题。共同基金必须在每年年底付出资本收益，然后投资者的利润取决于资本收益税的多少。如你自己管理资产组合，税收的支付就更加灵活得多。例如，当税收很快就要支付时没有理由把年底的利润算进去。管理你自己资产的灵活性，可以使你的资源更加有效地利用。其次，大多数共同基金只能在任何一个特定的日子以收盘价格进行交易，而个人股票可以在任何时候进行交易。随着新时代交易成本的继续降低，美元股票交易所交易的时间的延长及股票市场信息的更易获得，个人控制的价值每天都在爬升。最后，即使是小投资者也会发觉交易他们自己股票的好处。

如何构造一个合理的资产组合

尽管交易你自己的资产有很多优点，但是你花费了一项重要的成本，即使你没有支付现金，这就是你的时间。你在研究股票，阅读关于股票市场的文章，观看股票交易或在谈论股票上花去的每一分钟对你来说都是成本，并且这使你没有时间去追求其他的东西，如果你是沃伦·巴菲特，这就是你的工作。但是如果你的工作是不同于此的其他工作，那么你专心致志于投资可能会有负面效应，所以你必须寻找能够使这种成本减到最小化的方法。方法之一是找到能够帮助你做投资决定的投资分析家或简报。只要你听从他们的意见并且坚持一种有规律的投资方法，你的资产管理的成本会降到合理的水平。

George Gilder 是新时代科技领域最杰出的投资分析家之一。每年支付 295 美元，你就可以收到他的投资分析信，即 Gilder 科技报告。相对于可以接收到新时代思想界先锋之一的投资者的意见，这实在是一笔很小的费用。在这本书的前几部分引用过的 Gilder 1989 年出版的《Microcosm》一书表明他是一个真正有创新性的思想家和对新时代有独到见解的分析家。他集中于讨论“扰乱型科技”,而且是惟一能理解这些有活力而且有利可图的投资活动。从 1996 年 8 月开始，在他每月简报中已经突出分析了 30 多种股票。从 1999 年初开始，他选择分析的公司的名单列在下页中。如果你以相同的资金投资于被 Gilder 选择作为“Gilder 范例”的这些股票中的一个，那么你的资产在 1996 年 8 月到 1999 年 7 月间每年会以 82.4%的速率上升。这种增长速度是同一时期每年增长 34.0%的 NASDAQ 的两倍，而且也比每年增长 23.7%的道琼斯工业平均指数高 3 倍。

1999 年 4 月 9 日科技类公利档案

#	公利	代码	Misc	交易日
1	At Home Corporation	ATHM		7/31/97

续表

1999年4月9日科技类公利档案

#	公利	代码	Misc	交易日
2	Applied Micro Circuits Corporation	AMCC.		7/31/98
3	Analog Devices，Inc.	ADI		7/31/97
4	Atmel Corporation	ATML		4/3/98
5	Broadcom Corporation	BRCM		17-Apr
6	C-Cube Microsystems Inc.	CUBE		4/25/97
7	Ciena Corporation	CIEN		10/9/98
8	Conexant Systems，Inc	CNXT		3/31/99
9	Corning Incorporation	GLW		5/1/98
10	Global Crossing Ltd	GBLX		10/30/98
11	Globalstar Telecommunications Limited	GSTRF		8/29/96

续表

1999 年 4 月 9 日科技类公利档案

#	公利	代码	Misc	交易日
12	Intentia International AB	IntB	Stockholm Exchange	4/3/98
13	JDS Fitel Inc.	JDS	Toronto Exchange	5/1/98
14	Level3 Communications,Inc.	LVLT		4/3/98
15	LSI Logic Corporation.	LSI		7/31/97
16	Lucent Technologies Inc.	LU		11/7/96
17	MCI WorldCom，Inc.	WCOM		8/29/97
18	National Semiconductor Co-rporation	NSM		7/31/97
19	NEXTLINK Communicatio-ns，Inc.	NXLK		2/11/99
20	Nortel Networks Corpora-tion	NT		11/3/97

续表

1999 年 4 月 9 日科技类公利档案

#	公利	代码	Misc	交易日
21	P-Com，Inc.	PCMS		11/3/97
22	QUALCOMM Incorporated	QCOM		9/24/96
23	Sprint Corp.（PCS Group）	PCS		12/3/98
24	Sun Microsystems，Inc.	SUNW		8/13/96
25	Teligent，Inc.	TGNT		11/21/97
26	Terayon Communications Systems，Inc.	TERN		12/3/98
27	Texas Instruments Incorporated	TXN		11/7/96
28	Tut Systems，Inc.	TUTS		1/29/99
29	Uniphase Corporation	UNPH		6/27/97
30	Xilinx，Inc.	XLNX		10/25/96

还有其他的分析家可以帮助你在新时代投资于经济的其他领域。他们大多数存在于华尔街系统以外的地方。找到这些分析家，你将会受益匪浅，并能保持管理你自己资产的最大的灵活性。由于交易成本下降，我们投资的方式变得多种多样。在将来你可能会从某个人，例如 George Gilder 那里每个月获取投资策略的意见，并且可以以电子形式通过利用 Quicken 软件那里的你的账目来自动转变你的资产组合。Quicken 然后将把你的在线交易的记账户头直接进行合适的交易。实质上，这个过程花去的成本如此之低以至于你管理你自己的共同基金可以和管理今天能够得到的共同基金一样好，或者比后者更好。你不仅能够储蓄，而且从税收计划中获得的利益和控制你自己资产的灵活性也将增加。

新时代正以更低的价格提供更多的自由。管理你自己的共同基金是信息时代的影响力如何致力于使你获益的一个十分明显的例子。你在这本书中读到的其他在线系统，可使你自己的投资更加有利润，即使投资的资金数额很小。信息的成本剧烈下降，而且你的信息量将和那些在几年内管理基金的人一样多。要密切保持和新时代的接触，因为它将提供给你所缺乏的信息量。

401K 和 IRA

对许多投资者来说，大多数资产是以推迟交纳税收形式的资金形式，例如简单的 IRAs 或 401K 账目持有的。这些账目因为它们把免税包含进去，所以，它们对于积累退休后的财富是必要的。大多数 401K 计划都有一些和雇主相配套。因为这些支付的金额只发生于你首先进行的储蓄，所以，你这些账目的储蓄利润会使人印象深刻。但是，企业组织的储蓄经常很少有投资主张。他们一般投资股票基金或指数基金，但从不提供这一章前半部分讨论过的专业化部门基金。因此，总的来说，最好用你的可延期纳税的资金账目投资于市场。

但是，每一个投资者应该也持有上述资金形式以外的股票。如果你想保持 50%的资产在部门投资中，这一点非常重要。尤为重要的是，从 IRAs 或 401K 计划中对应税额的征税是很可怕的。不要用它们去支付一生的费用，如果你能够的话。否则你将会有 10%的损失，再加上目前你的个人所得税。在退休期间，你的税率会减低，因为过早提款而需支付的 10%的罚金也将不再适用。

税收本身表明了在免税投资账目之外的投资策略。你不仅不得不投资于共同基金，而且你也不能够以利润最大化形式管理你自己的投资。如果你改变工作，并有机会把 401K 转变成自我指导的 IRA，那么你可以避免这种问题。但是，只要你在现行的雇主那里充分利用 401K 账户，你的资产中总会有某些资金是具有投资限制的。

最后注意的几点

新时代股票投资总体上讲会比股票市场运行得好；但是，反映了美国经济潜力的指数基金是极好的投资对象。为了减小风险、降低成本和提高利润，必须把你用于股票投资的 50%的资金投资于指数基金，而把剩下的 50%的资金投资于专业化部门——当你的资产在少于50 000美元的情况下。如果你拥有的资本超过50 000美元，可把剩下的 50%的资金投资于个人股票。为了减小所投资的股票种类的选择成本，你必须注意那些了解、钻研比你深的专家的意见。正如新时代展现的，你可以利用知识渊博的专业人士的意见，以少于现行共同基金费用的成本来管理一种基金。

第 十 二 章

为获得长期报酬，使用好你的债券

尽管债券看上去令人厌烦，但是它们在新时代资产组合里仍有一席之地，而且它们的利润将仍旧高于历史平均水平。在新时代，通货膨胀实际已不存在，相反，通货紧缩会是正常的现象。因此，债券能够提高丰富的、固定的真正（或去除通货膨胀后的）的利润。此外，投资于债券将增强你资产组合的稳定性，因为从此获得的利润会远远高于在通货膨胀的情况下。

当新时代在 20 世纪 80 年代早期开始时，许多债券投资者犯了一个大错误，他们在通货膨胀率开始下降前投资于短期债券。在 1980 年，为期 3 个月的国债券平均收益为 14.1%，而为期 30 年的国债券平均收益为 11.3%。投资者说："为什么我应该购买为期 30 年的国债券，而为期 3 个月的国债券的收益比它好得多?"今天这个决定看上去很愚蠢。大多数债券投资者愿意在他们的资产组合里拥有那些收益率为 11%的债券。

令人奇怪的是，在债券市场里仍旧有大笔购买量。极好的机会长期地存在于政府、企业、代理行和政府债券中。遥想下个千年的早期时光时，购买这些债券的决定看上去是多么明智。因为债券投资者仍然很担心通货膨胀会重新出现，所以债券收益已经超过被认为是合理的水平。对于投资者来说，结果是去除通货膨胀的高收益。

理解债券收益

对每一个投资者和已经成功的投资者来说，债券比股票更令人困惑。虽然股票投资者是从企业收益里获得他们的利润，但是国际市场的利率是由一系列复杂的因素决定的。我们要理解利率有一个简单的方法，那就是想一下它们是代表什么的。利率是在一段时间里转移消费的价格。换句话说，债券收益代表了“时间的金钱价值”。一个想在今天消费明天储蓄的统一实体（如个人、企业或市政府）肯定会找到另一个希望今天的储蓄用于明天消费的统一实体。这两种期望结合起来决定了债券投资者将要接受的利率。

每一种债券的收益包含三个方面的内容：通货膨胀津贴、税收津贴和实际利益。只有真正理解这三方面的每一个投资者才能准确判断债券利率是高还是低。

通货膨胀津贴

债券收益中最重要的组成成份是通货膨胀津贴。通货膨胀在一段时间里磨损了货币的价值，所以利率应该弥补投资者这方面的损失。例如，如果通货膨胀率是3%，那么利率高于3%，否则投资者在投资债券后的购买力将会比以前减弱。债券收益和通货膨胀两者之间的走向关系可在下图中看出。当通货膨胀率上升，或者在人们担心将来通货膨胀会上升时，债券收益将上升。当通货膨胀下降，或人们预期通货膨胀会下降时，债券收益也随之下降。

债券收益和通货膨胀之间的关系是如此密切，以至于债券市场跟随经济数据的每一个阶段的变化而变化。股票市场就不是这样，它看似经常忽视了经济数据。债券市场如此敏感的一个原因是联邦储备局经常改变短期利润的水平，当通货膨胀上升或者它认为经济发展速度太快时。因为联邦储备局可以操纵短期利率，所以它对短期债券市场有很大的影响。但是，如果联邦储备局把短期利率朝着上升或者下降中的任一个方向都推得比较远，那么长期债券收益的反应将是积极的。

债券市场的走向不仅和现行通货膨胀率有关系，而且也和将

通货膨胀率和债券收益移动方向一致

资料来源：联邦储备局和劳动统计局

来通货膨胀率的预期密切关联。因此，投资者必须留心联邦储备局所采取的措施。只有联邦储备局才有权力引起通货膨胀，通过注意这本书第五章描述的联邦储备局政策的主要特征和通货膨胀的主要指标，投资者可以避免在通货膨胀压力开始上升的时候持有债券。但是在新时代，通货膨胀可能一直都很低，因此，通货膨胀津贴会继续下降。最终债券投资者会相信通货膨胀不再出现的事实，而且债券收益也将下降到自 60 年代中期以来从未见过的水平。

税收津贴

税收津贴至今没有被人们理解清楚，尽管它的存在已经不容忽视。让我们先看一下市政府债券收益和国债券收益的区别。事实表明市政府债券收益几乎总是比国债券收益低，因为市政府债券投资者不需要对它们从市政府债券投资中获得的利息交纳联邦税收。另一个理解税收津贴的途径是认识到投资者必须交纳企业债券利息的税收，而发行债券的企业为了少纳税，可以从它的收入中扣出它支付给债券持有人的利息。因此，企业必须比市政府支付给债券投资者更高的利率来弥补这个“税收津贴”。

实际利率

实际利率是债券收益的一部分，它是支付给投资者的报酬，为了能够让其他人使用他们的储蓄。实际利率是存在的，因为每个投资者都有选择投资什么地方的机会。投资者必须被诱惑去购买债券。实际利率很难精确测算出来，但是我们知道债券投资者在去除预期的通货膨胀和税收后想要得到盈利，而债券收益在去掉通货膨胀和税收津贴后就剩下实际利率。

实际利率受好几个因素的影响。第一个是实际经济增长率的走向。经济增长率是趋向于两者择一的投资利润的另一个表现形式。让我们这样想一想——投资者有许多机会。如果平均投资收益为3%，那么实际利率也将趋向于3%。因为投资者的决定和债券市场将会使所有投资的利润相等。实际利润的第二个影响因素是风险。某些投资比其他投资更具有风险性，而且债券市场应该反映这种情况。国债券被认为是无风险投资，因此它们的实际收益被称作“无风险实际利润率”。任何一个其他非国债券都存在某种风险因素，而且这种风险使得它的收益比国债券收益要高，因此它的实际收益比国债券实际收益要好。

还有其他因素也影响到债券实际收益，但是当它们和上面提到的两个因素相比较时，它们就相对显得不重要。它们包括我们称作的“资产变现能力津贴”是支付体系不稳定的一种津贴。资产变现能力就是指人们购买和抛售债券的难易程度。如果债券市场很小，那么它的收益会比大型债券市场相同债券的收益高。例如最新发行的国债券就比以前发行的国债券交易的次数多得多。因此，越新发行的债券，其收益就越低，因为一些投资者认为其资产变现能力强。这种情形给一些购买以前的债券并一直持有它们至到期投资者提供了机会，因为这些债券的寿命较短，所以，投资者应为发行债券者提供更大的灵活性来弥补他们的损失。

把这些不同的因素结合起来考虑就会得到我们想要的一种债券的实际收益。如果我们忽视税收，那么最简单计算出债券的实际收益是从债券收益中减去通货膨胀带来的损失。在下幅图表中，消费者价格指数的变化已经从为期10年的债券收益中扣除出去、剩下来的就是我们经常称作的实际收益，即使它还不包括税收津贴。但是，它很好地代表了债券投资者的实际利润水平，正如我们大家可以看到的70年代实际收益经常为负数，投资者就会认为通货膨胀将会长期存在。几十年来，通货膨胀已不再是一个令人头痛的问题，而且当它确实上升时，它自己会很快地反方向运动。债券投资者对70年代不断上涨的通货膨胀反应很慢，所以受到严重伤害，所以在通货膨胀不断上升的时期，投资者应该投资于短期债券（或货币市场共同基金），因为短期债券（或货币市场共同基金）能够很快对通货膨胀作出反应而进行调节。在1965年至1982年经济大衰退期，虽然股票持有者和长期债券持有者亏损严重，但短期债券投资者仍然能获得较小的利润。

我们从下图中可以看出自从80年代以来实际收益已经很高，因为投资者时刻提醒自己不要忘记70年代由于通货膨胀导致的损失。债券投资者是一年遭蛇咬，十年怕井绳，他们不允许利润和通货膨胀下降得一样快。新时代的发展趋势表明通货膨胀的危险继续消失，债券市场中无风险实际收益会降得更低。那些相信新时代能保持低通货膨胀率的债券投资者会得到很高的报酬，如果他们购买长期债券的话。因为长期债券被证明在将来会继续有

为期10年的国债券实际收益

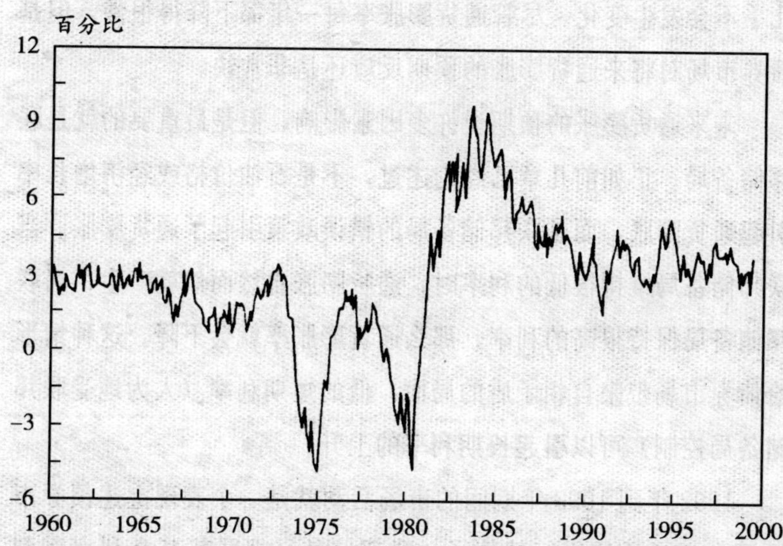

为期10年国债券收益减去12个月内消费者价格指数的变化

资料来源：联邦储备局，劳动统计局

很高的利润。

全盘考虑——三个要素和联邦储备局

把上述三个构成要素结合起来就能够解释利率的现行水平。当它们三个因素中任何一个变化，利率也随之改变。对投资者来说，这三个要素中最重要的是通货膨胀率。实际利率和税收津贴几乎不会发生变化。尽管通货膨胀率每一年都下降得很慢，但是债券市场对将来通货膨胀的预期反应还是非常快。

未来通货膨胀的预期受许多因素影响，但是最重要的就是联邦储备局。正如前几章已经论述过，不是石油价格或经济增长率引起通货膨胀，而是联邦储备局的错误政策引起了通货膨胀。当联邦储备局维持很低的利率时，通货膨胀自然而然就产生；当联邦储备局保持很高的利率，那么通货膨胀率就会下降。这种情形给债券市场带来自相矛盾的局面：低的短期利率（人为地受联邦储备局控制）可以引起长期利率的上升。

1992年到1993年期间的市场活动就是一个表现上述债券市场里自相矛盾的很好的例子。联邦储备局把联邦基金利率降到3%，这是为了能够使经济在1990年至1991年的衰退期后迅速繁荣起来。虽然长期利率下降了，但是它们仍比短期利率高得多。例如1993年联邦基金利率和为期3个月T-biee利率平均为3.0%，但是为期30年的国债券收益平均为6.6%。对投资者来说，相对比较高的利长期债券的收益（比短期的债券收益高3.6%）更吸引人。但是，任何一个在1993年投资为期30年国债券的投资者会在1994年损失一大笔钱，因为为期30年国债券收益在1994年升至8.0%。

长期利率和短期利率之间的差距表明投资者认为短期利率和通货膨胀在将来有可能上升。在1993年，投资者的判断是正确的。

联邦储备局在 1994 年 2 月和 1995 年 2 月期间把短期利率从 3.0%提高到 6.0%，这种经历和 80 年代初期债券投资者的行为恰好完全相反，那时短期债券收益比长期债券收益高很多。就如这章前部分指出，投资者应该投资于长期债券，即使短期债券的收益更高。

导致这种自相矛盾的原因其实很简单。当联邦储备局将短期利率一直控制在很低的水平，通货膨胀自然就会发生。通货膨胀的迹象会慢慢出现。先是黄金价格和其他商品价格开始上升，然后美元在外汇市场上的价值开始下降，最终使得长期利率和短期利率之间差距扩大。当联邦储备局维持利率很高时，黄金价格和其他商品的价格下降，美元坚挺度加强，而长期利率和短期利率之间的差距会缩小，或甚至颠倒到 80 年代早期一样。

通过把短期利率水平和通货膨胀相比较，我们可以清楚地知道什么时候联邦储备局控制利率水平太低，什么时候控制利率水平太高。我们从下图中可以看出在 1992 年和 1993 年，联邦储备局把联邦基金利率控制在低于通货膨胀的水平。换句话说，实际（去除通货膨胀后）短期利率为负数。这预示着联邦储备局为经济创造了一个通货膨胀的环境，而且在 1994 年债券收益迅速增加。最近几年，因为联邦储备局一直都担心经济发展势头过猛，所以他们维持的实际短期利率很高。这意味着通货膨胀率不可能迅速上升，而且债券收益也将下跌。

实际联邦基准利率

资料来源：联邦储备委员会，经济分析局

联邦基准利率减去个人消费因素12个月内的变化值

关于债券市场的旧传闻

一种旧式的传闻说，股票市场是乐观的市场，而债券市场是悲观的市场；股票市场喜欢强有力的经济增长势头，而债券市场却憎恶它；债券被认为是防御性投资，而股票被认为是进攻性投资。但是这些所有的观点都很令人怀疑。债券市场和股票市场在70年代运行得都很差，但是它们在80年代和90年代发展态势都很好。利率在70年代滞胀时间剧烈上升，但从那以后一直在下降。不管新时代强有力的经济增长势头和不断增加的股票市场，债券收益一直都在下降，而且债券投资者已经经历稳定的债券市场运行期，即使经济发展速度很快。

在新时代，债券投资者仍有许多获利的机会。虽然利率看上去很低，但它们依然比历史水平高很多。在111页上的图表表明企业债券收益又回到1865年。图中的数据是30年代早期铁路债券的收益和优质企业债券收益的结合。正如图表显示，虽然今天利率和60年代晚期以来利率相比较的确是很低，但是当它们和19世纪晚期以及60年代中期的利率比较起来，它们仍是很高的。近几年来收益相对较高的最重要的原因是债券投资者时刻提醒自己70年代通货膨胀时期那段痛苦的经历。那时，因为税收增加、管制加强和政府支出的大幅度上升，以及联邦储备局人为降低利率试图抵消这些措施带来的破坏性影响，所以通货膨胀率上升得更快。在新时代，政府负担减轻，而联邦储备局仍然控制很高的利率和经济活动作斗争，因为它认为经济发展太快。这些政策集中起来必将导致通货紧缩压力的存在。这种压力最终使得债券收益水平重新回到60年代水平上。那时为期10年国债券平均为3.5%，抵押借款利率在5%以下，优质企业债券收益率为4.5%，而长期的市政府债券收益平均值仅为3.0%。

从低利率中获利

显然，对于那些依靠固定的体系在其退休期间获得投资收入的投资者，不断降低的利率并不是一件好事。但是，即使是低利率也能提供固定利润，当它和商品及服务的价格相比较时。如果通货膨胀率为零,那么4.0%的债券收益比在通货膨胀率是5.0%的环境下8%的债券收益要高。这在新时代简直是太有可能发生了。每年出现0.5%～1.0%的通货紧缩，那么投资者将获得比历史水平实际利润高的收益，即使利率降至3.5%。更重要的是，当利率下降,债券价格迅速增值。债券收益从12.0%下降至11.0%，引起为期30年的国债券价格增值78.7%。但是，若债券收益从6.0%降至5.0%，那么将提高15.4%的债券价格，简而言之，当债券收益为12%时，下降1%就等于下降了1/12；而债券收益下降1%时，就意味着价格下降1/6。

虽然,看上去你似乎错过了从债券市场获得巨额利润的机会,当收益从现行水平下降至60年代水平,但获得巨额利润的机会仍然存在。另外，若你今天购买收益为6.0%至7.0%之间的债券，在下个世纪早期你的资产组合将会是市场利率的两倍。

如何投资于债券

虽然有许多种方式投资于债券市场，但是这本书只集中讨论它们当中的三条途径：购买实际债券，购买有时间限制的债券共同基金，购买无时间限制的债券共同基金。但第一需要明确的是投资债券市场的最好途径是购买个人债券并持有它们至到期为止。但是，如果你计划交易你的债券资产，那么你应该购买增值少于 25 000 美元的债券。只有这样你的交易成本才能足够低，以至于可以证明你交易你自己的债券投资是正确的。对于一些小交易来说，债券市场的成本比股票市场要高得多。第二点需要着重注意的是，有时间限制的债券基金在新时代有可能比无时间限制的债券基金发展要好。当利率不断下降时，有时间限制的基金的利润比无时间限制的基金的利润要高。

购买个人债券

当决定购买债券时，有四种形式的债券可供参考：市政债券，企业债券、国债券或政府支持的部门（GSA）债券和抵押借款债券。这四种形式中的每一个都是独立的、惟一的，而且在不同的利率环境下发展各不相同。

在新时代早期，由于利率有可能大幅度下降，所以抵押借款债券不可能和其他三种形式的债券运行得一样好。理由很简单：当利率下降，再次为抵押借款筹措资金时，将引起这些债券支付本金的时间比投资者预期的要早。当利率设置在历史认为可能的较低水平上时，那么抵押借款债券又会成为投资的好对象，特别是如果你希望你的债券投资每个月都能提供收入的话。因为抵押借款利息是按月支付，所以投资者每月都会有一笔收入（包括利息和本金）。但倘若你要每月从企业或市政府债券中获得利息，你就要购买许多不同的债券，而且这些债券在一年里不同的月份中支付利息。

市政债券将是新时代的重要投资对象。虽然有一些关于市政府债券收入纳税的条款，但是在绝大多数地方，市政债券投资者不用对获得的市政债券利息交纳联邦个人所得税。此外，许多州都把市政债券利息从个人所得税中扣除，这十分有利于那些税率很高的州，例如马萨诸塞州和加利福尼亚洲。从下图中可以看出市政债券收益低于国债券收益。但是在将税收津贴从市政府收益扣除后，它们的收益比国债券收益高。例如在1999年5月，为期20年的国债券收益为6.08%，而具有代表性的为期20年的AAA市政债券收益为5.1%。如果你面临的联邦税率是28%，那么税收在5.1%的市政府债券收益中占的比值为7.08%。如果你需要付 36%的税率，那么税收将等同于 5.1%的市政府债券的收益的 7.97%。计算这些收益的公式很简单：税收在收益中所占的比值＝市政府债券收益/(1—税率)。例如 5.1%/(1—0.28)＝7.08%。

为期 20 年市政债券收益和为期 20 年国债券收益

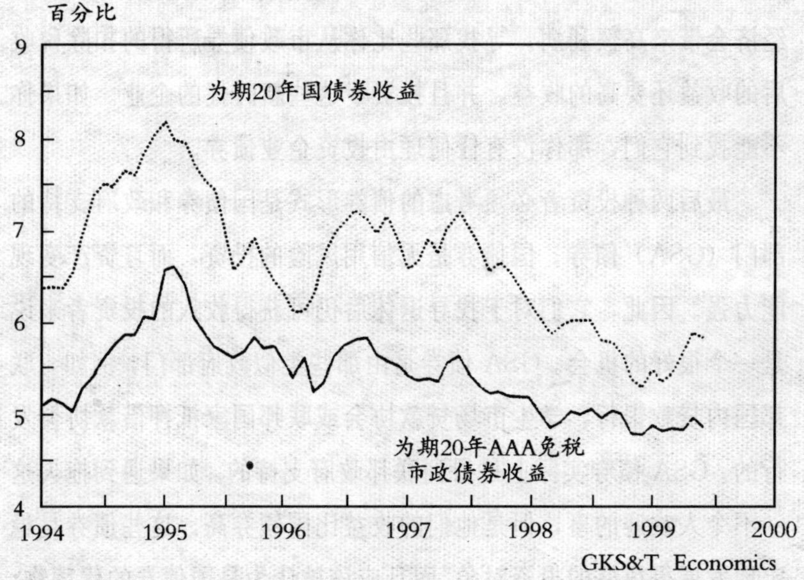

资料来源：*Moody's*，美国财政部门。

显然，扣除税收的市政债券收益相对而言比去除税收的国债券收益要高得多。一个普遍被大家接受的两者之间差距如此大的原因是市政债券投资者面临着发行它们的市政府或州政府拖欠的风险。但是从历史上看，拖欠事件几乎很少发生，而市政府和州政府一直以来的财政状况都很好。在新时代，经济增长的强大势头将继续减少政府支出的负担，但税收仍会继续上升。因此，在新时代国家预算盈余会继续扩大。

企业债券也是新时代很好的投资对象。但是因为你已经购买了大量的企业股票，所以购买企业债券会加重你全部投资的资产组合的不稳定性。可是，企业债券，尤其是被人们称为垃圾债券经济会带来高额利润。寻找那些比你从市政债券所得的扣除税收后的收益还要高的收益，并且投资于这些新时代的企业。如果你不能找到它们，那你没有任何理由投资企业债券。

最后两种投资者必须考虑的债券形式是国债券和政府支持的部门（GSA）债券。国债券是无信用风险的投资，而且资产变现能力强。因此，它们对于找寻退休后仍可获得收入的投资者来说是一个很好的机会。GSA 债券是由那些类似政府部门，例如，联邦国内贷款银行，学生市场贷款协会或联邦国家抵押借款协会发行的。GSA 债券实际上是得到联邦政府支持的。如果遇到拖欠这一不令人欢迎的事，但是他们的收益比国债券高。这些债券是稳定地发展得很好的投资对象，而且应该被认为是国债券的代替物。

债券基金的问题

当无时间限制的债券基金被有效地管理时，它们会给投资者带来好多益处，但是当和拥有个人债券比较起来，它们也有一些负面影响，当你投资一个无时间限制的债券基金时，而且那时利率在下降，你这笔投资获得的收益将会被其他把资金存入基金的投资者所削减。具体过程是这样的。让我们假定在利率为6.0%时，你和其他999个投资者投资10 000美元到一个新的债券基金中，那么总体投资额为1 000万美元。如果利率降至5.0%，基金中所持有的债券价值就会上升，也就是说你将获利。但是如果基金因为它的良好的发展态势有能力在这个时刻吸引到1 000万美元新的投资额，基金将不得不购买收益仅为5.0%的债券，而不是去购买你最先投资的收益为6.0%的债券。因此，基金的平均收益将会降到接近5.5%，随之而来你的利润也会下降。如果在利率为6%时，你购买的是个人债券，那么你的收益将保持在6.0%，即使利率在下降。

在另一方面，当利率上升，债券基金可以以更高的收益吸引投资。如果基金能够吸引到新投资者，那么你的收益将会上升。但是，当利率上升而债券基金的价值在下降时，基金吸引新的投资者就困难得多。因此，你所得收益的上线是有限制的，无论债券价值的走向如何。

有一个可以避免这个问题的方法就是投资有时间限制的债券基金。这些债券基金发行可以在交易所（如纽约股票交易所）交易的股票。基金管理者积极管理资产，但是如果利率下降的话，投资获得的收益不会被新的投资者削减。另一种受投资者喜爱的有时间限制的债券基金的类型是单位信托投资公司。这些信托投资公司资产组合中的债券，然后再在信托投资公司里出售这部分债券。在信托投资公司里的债券不能进行交易，只有持有他们一直至到期为止。只要你出售，你的收益就不会改变。因此在新时代除了投资个人债券外，有时间限制的债券基金和单位信托投资公司都是合适的投资对象选择，但是购买个人债券的意义仍旧比后两个重要得多。

摒弃传言和悲观主义论调

因为一些难以解释的原因，关于债券市场的传言一直不断地在重复。有一种传言是这样：因为日本持有如此多的美国政府债券，若其决定出售它们，将会引起利率的升高。对于日本出售他们的债券的这种担扰时常流传于债券市场中，而且经常导致足够的关心，以至于美国在短期内提高利率。但不要让这种担忧妨碍你在新时代购买债券。无论日本如何对待他们的债券，他们也不可能使得利率长期高于基础水平。

利率是由这本书讨论的三个基本因素而不是由谁想卖或买债券而决定的。如果日本确实决定立刻抛售他们所有的美国政府债券，那么这种举动肯定会驱使利率上升，但是利率很快又会降回到基础水平，因为投资有认识到这是一个非根本性因素，收益还会持续增加。只要通货膨胀率仍旧处于低水平，利率仍将会下降，无论是谁决定出售他们的债券。

因为供给和需求决定利率这种论调仍然存在，所以这种传言继续在影响着债券市场和投资者。这种理论很容易理解，因为供给和需求定律在经济学中的地位太重要了，可是供给和需求并不决定利率——而是那三个基本因素决定了利率。为了更好地理解这个概念，试着想一想下面这个例子。如果由于某种原因，为期30年的国债券除了面值为10 000美元的债券外都被财政部门购买了，而且第二天就从市场上消失，那么为期30年的债券的潜在价值变化了吗？当然，如果财政部门立刻采取措施，他们将会使得为期30年的债券收益下降，因为他们诱导所有现行的债券持有者出售债券。但是一旦这种大规模的购买完成，财政部购买的最后一张债券肯定与第一张债券的收益相同。在这个例子中，决定债券收益的任何一个潜在性基本要素都没有发生变化。通货膨胀率、实际利率和税收津贴仍然和财政部门购买债券前一样。

上述的这个例子也表明了企图利用财政赤字或市政府、企业和外国政府发行的新的债券来预测利率的无效性。供给和需求只能在短期内改变利率，而不能决定长期利率的走向，最近的一个例子是由于国际金融危机带来的不稳定性，1998年债券收益大幅度下降，当投资者购买的是国库券时。在这之后，债券市场行情扭转，收益又回到危机前的水平。尽管市场已回到基本状态下，但是供给和需求理论经常被用来说明市场环境对债券收益的增加是有促进作用还是有阻碍作用。我们必摒弃这些论调，因为在一段时期内决定债券收益的最重要的因素是通货膨胀率。

新时代对债券的预测

新时代将为投资债券创造一个良好的市场环境，通货膨胀率在未来几十年将一直处于较低的水平，发达的生产力和紧缩的货币政策这两个根本性因素将有可能使新时代出现通货紧缩。生产力的高度发达会使价格降低，同时促进经济高速发展。因为研究货币的权威人士已经从过去的错误中吸取了教训，所以象70年代由于通货膨胀引起的经济大崩溃已不太可能发生。实际上，因为联邦储备局仍旧担心经济会重复70年代的悲惨景象，所以他们始终实行紧缩的货币政策。

上述两个根本性因素的发展将会继续推动全球经济一体化。随着贸易量增加，生产成本将由于全球竞争优势最大化而下降。另外，管制的撤销和私有化将继续降低商品和服务产品的成本。

最后一点要强调的是通货膨胀导致利率大幅度上升的机会很小，相反，利率进一步下降的概率会很大。但是不要期望利率一直降低。债券市场仍然担心经济增长过快。因此，它将慢慢回到低收益上来。虽然投资债券获得巨额利润是可能的，但是它们应该看着是你资产组合的长期稳定器，所以千万不要错过投资债券的好时机。从历史上看，今天可获得的债券收益是很高的，投资现在的长期债券将可以在未来几年得到较高的收益。

第 十 三 章

不动产和农产品

在新时代、空间和资源是无限的

在70年代不动产和商品的投资比股票市场和债券市场都活跃。其原因很简单：通货膨胀使不动产和商品的价值含量提高，但是却不利于金融资产。然而因为通货膨胀实际上在新时代是不存在的，相反，通货紧缩有可能存在，所以经济环境将变得不适合于这些防御性投资形式的生存。

这并不等于说，经济的这些领域会萎缩，它们的平均利润将会低于股票和债券。无形资产或理念，而不再是资源，将成为财富新时代前进的推动力。理念化经济将继续寻求使用更少的资源生产相同产品的方法，而且资源生产者也在不断提高效率。这意味着商品和不动产相对于信息和服务产品来说，它们的价值含量在不断下降。投资者不能依靠通货膨胀来提高不动产的价格。一些不动产的投资运行得很好，但平均来说，投资于土地和楼房的资本渐渐无利可图。因此投资者必须选择正确的投资标的，并且减少不动产的持有量。

通货膨胀，通货紧缩和资源价格

1970年至1980年间，去除通货膨胀后，一所新的单身家庭住房的平均价格每年上涨了10.6%，而再次出售已存在的住房的平均价格每年上涨10.4%。同一时期，扣除通货膨胀后的道琼斯工业平均指数每年以6.1%的速度下降。不动产价格在70年代一直高于股票价格，仅1978年美国单身家庭住房的平均价格就会令人惊讶上涨了13.9%，而股票价格却下跌了8.3%。消费者价格指数在1978年上涨7.3%，这意味着“实际”住房价格增加了6.6%，而股票价格却下跌了15.6%。

通货膨胀本身就足以引起投资决策的变化。在通货膨胀期，硬资产随着普通价格水平的上升而上升，但金融资产却受到不良影响。通货膨胀提高利率，降低市盈率，但是它导致了不动产价格的上升。这并不意味着通货膨胀的出现是好现象。尽管资产价值不断上升，但通货膨胀阻碍了70年代生产力的提高，导致失业率上升，经济条件恶化，这样从每种投资中获得的收益在下降。虽然投资不动产被证明是有利可图的，但是不断上升的不动产价格使得房租上涨并加速了许多小型企业的破产。它们还使得许多美国人没有足够的钱购买住所。

在新时代，通货膨胀率剧烈下降，通货紧缩的出现已成为可能，所以以资源为基础的投资资本的价值受到损害。例如在1989年3月到1999年3月这10年间，一所新的单身家庭住房的平均价格每年只上涨2.3%，而再次出售已经存在的住房的价格每年以3.9%的速率增长（见下面这幅图）。在同样的10年间，道琼斯

新旧住宅价格以10年为周期的平均变化

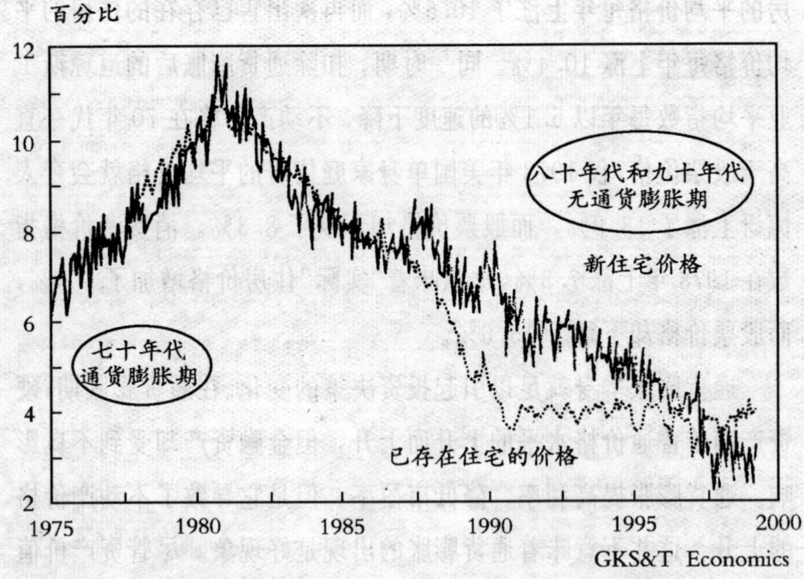

资料来源：新1—家庭住房价格—CEN，已存在1—家庭住房价格—NAR

平均工业指数(包括再次投资的红利)每年上涨18.8%。显然,美国还有许多地方住房的价格每年增加的幅度超过2.2%。正如格言所说“地点、地点、还是地点”是投资不动产的三个最重要的因素。但是,“地点”在今天已越来越没有意义。新时代将会在整个国家内比较平衡地安置人和企业,以便帮助提高人口稀少地区不动产价值和降低大城市的不动产价值。

科学技术和不动产

当你第一次把一袋袋装茶放入开水中,茶的味道和色素围绕着茶包打转,但最终开水和茶味及茶色溶合在一起。把一种事物平均分配到另一种事物的这个过程发生在大多数系统中。但是,显然我们以经济活动为例时,我们就会发现经济中许多事物没有被平均分配,例如人们倾向于在大城市聚集。所以,当我们从乡村移到城市时,农村人口密度就会减少。

但是,在新时代,人口密度和企业在美国和世界各地的分配趋于向四面八方扩展开来。这将需要几十年或更长的时间,但是科技已经减小了距离成本,并创造了一个充裕的空间。这种更加均衡分配经济资源的过程将最终改变不动产前景,而且既给不动产投资带来有利因素,也带来不利影响。

例如在1980年和1990年间，美国大城市地区人口总数从1.773亿人增加到1.982亿人，上涨了11.8%。而非大城市地区人口只上涨了2.6%——从0.493亿人增加到0.505亿人。但是在1990年至1996年间，两者比率变化的差距迅速缩小：大城市地区人口增加了6.9%，总数为2.118亿人，而非大城市地区的人口增加了5.9%，至0.535亿人。

住在大城市附近仍然会比较便宜，但是随着电信价格和互联网宽带接口的增多，居住在远离城市地区的机会成本在下降。这些趋势在这本书写作之前就已经被其他人预测到。但是科技的真正影响比许多人预测的时间长，而且这个过程确实需要时间。离开人口密度大的地区的风险对大多数企业和雇员来说依然很高。例如零售商希望服务于尽可能大的区域，雇员希望得到各种各样工作机会的保证。在一个小镇上创建企业或把企业移到乡村地带都会限制这种可能性。

电信业急剧下降的成本和其可与世界任何地方企业竞争的能力正在逐步改变经济前景，随着小公司如雨后春笋般地出现，城市的郊外迅速扩大。根据Dun & Brad street的报告，在1965年美国新出现204 000家商业公司。在1997年，又增至799 000家。这些新商业公司当它们扩大时需要地皮来盖办公大楼。根据CB Ri-chard Ellis，郊外办公房屋的空置率从1986年的23.4%急剧下降至1999年的8.9%(大约和商业区房屋空置率相等)。同时用于工业的房屋空置率在上升，从1981年的3.7%升至1998年的

8.4%。建立在服务经济基础上的小公司的转变正在进行，而且当这种变化成熟时，对不动产投资的影响是巨大的。众多的小公司创造了许多就业机会，并且因为这些公司位于远离城市的郊外，所以雇员也来自郊外。新兴科技通讯使得当你离开城市时，你不再象以前那样意味着离开了最好的和发展前景最灿烂的教育、医疗、法律和咨询领域。新时代使得人们就象生活在一个小小的地球村。

住宅，房地产投资信托公司（REITS）和新时代

为了从不动产投资中获利，你必须仔细考虑经济活动中的一些变化。大多数个人投资者将大部分资本投资于他们自己的住宅，因此，他们就不再对其他不动产进行投资。但是，在主要渡假地方拥有第二住宅已成为极好的投资对象。财富的极度膨胀和由此带来的休闲活动增加了人们对渡假屋和旅游胜地的需求。美国高尔夫球场的数量自1986年以来增加了24%，从13 353增加到16 365，而且到1998年底有1 069家高尔夫球场正在修建。这种增长速度强调了美国人民对休闲活动不断增加的需求。随着高尔夫球场的增多，也为许多投资者带来了投资于不动产的机会。这样你不仅能够拥有自己的投资财产，而且还能够使用你的投资并享

受税收收益。

对大多数人来说，对第一所和第二所住宅的投资代表他们资产组合中大部分的资产。因此，投资于其他不动产并不能代表良好的风险管理。但是，一些人有足够的资产扩大冒险范围投资于经济不同的部门，例如投资于房地产投资信托公司（REITS)。一般来说，我们把REITS分成四种类型——工业、零售业、政府机关和公寓。虽然这些投资中许多看上去是很诱人的，但是不动产的价值在新时代仍会继续降低。

新时代的附加价将隐含在建筑和电脑里，而不是隐含在供给人们住的房屋和承载理念的电脑外壳中。一台计算机的价值和组成它的软件及信息的价值是一样的——计算机外壳本身并不值多少钱。同样的情况也发生在土地资源和建筑物上。只有在土地上建起楼房或建筑物，住着人及装有设备，它们才会变得有价值。在今天的世界里，创造价值的理念和人是可以迅速移动的，因此从固定的不流动的资产中寻求价值是有限的。越来越多的公司在出售房屋和出租它们以前起的建筑物，因为它们认识到企业资产用在其他领域会更加有效。资产收益的多少对公司和投资者来说是最重要的，而在新时代，不动资产的收益明显比理念和信息所带来的收益低。

互联网商业已经在改变零售业前景。Egghead公司最近关闭80个零售出口，并把它的名字改为Egghead. Com公司，并将它的所有业务移到互联网上。这种趋势仅仅刚开始发生。在将来，随着越来越多的公司在网上进行业务往来和信件传递，对零售业空间的需求增长，将不象经济增长本身所暗示的那样快。这并不意味着零售业空间将会消失，而是表明其边缘增长的势头开始减缓。变化的潜力并没有到此为止，它们是无止境的。新时代不再像旧时代那样，需要很多空间才能发展壮大，新时代是具有流动性的。

投资不动产的机会仍然存在

虽然一般来说新时代将不会有益于对不动产的投资，但是一些领域仍旧可以比其他领域发展得好。正如上面引述的零售业所需要的空间在减缓；但是，一个全新的投资机会在美国郊外诞生。小企业的数量会继续增多并且这些公司会位于更加远离城市的地方。这很象80年代的Condo繁荣，办公大楼现在之所以被建造的原因是它们可以被分别售给这些小公司。投资于建立或管理这些郊外办公大楼的REITS将会提供比一般水平高的收益。

另一个对不动产投资有所增长的领域是仓储业。成指数增长的互联网商业需要对新型配送体系进行大量投资。实时库存系统、货车运送、空中货运和计算机化包装系统都需要一个巨大的支持体系。

另外，休闲活动迅速增多且丰富多采，在这些方面的投资通过提供各种服务而增加了不动产的价值。虽然并不是所有这些投资都会繁荣发展，但是有一些肯定会给投资者带来好运。Vail、Jackson Hole、迪斯尼乐园和Cape Cod等附近的独一无二的资产将仍旧是很好的投资对象，但是在某种程度上，非独一无二的资产所获得的利润在慢慢消失。旅馆在全国范围内涌现，而你所需要做的就是查看全国主要交通干道的交叉点来确定投资的方位。今天许多交叉点有两个、三个或更多的旅馆，而这些地方在10年前没有一家旅馆。竞争中产生的价格压力会使所得利润达到某一水平。此外，随着新兴休闲活动的增多，先前获得的超额利润正在消失。

另一个已经饱和的行业是居民住宅业。这些年来，住宅增加的速度比人口增加导致住宅增加的速度要快。在1998年，美国住宅（包括单身家庭住房、乡镇住宅和公寓）达到1 620 000所，而美国建造的新住房的总数就增加了1 500 000所。虽然许多旧式住房被拆毁并被新的住宅代替，而且许多美国人购买二手房和搬至郊外，但是这种新住宅激增的现象并不会长久存在下去。更为重要的是，在过去当住宅总额已经超过实际中人们需要的数量时，住宅价格增长就会减缓。这种情况在新时代已经出现，并会在未来几年持续下去。

农产品和贵重金属

阻碍不动产价值提高的因素也同样影响到农产品的价格。虽然经济学家还在争论通货紧缩是否存在，但是农产品生产者对此却毫不怀疑。从下图中可以看出，1999 年年初 Bridge/CRB 农产品期货价格指数仅是 80 年代早期价格指数水平的一半，并且几乎接近 24 年来最低水平。从 1971 年到 1981 年，Bridge/CRB 指数每年增加 10.8%，而从 1989 年 4 月到 1999 年 4 月间，同样的价格指数每年下降 2.4%。1999 年初铜的价格每磅约为 65 美分，是 1995 年价格水平的一半，而且与 1986 年价格水平相等。1999 年初铝的价格约为每磅 60 美分，几乎是 1988 年价格水平的一半。农产品的价格变化也很大。1999 年 4 月 1 蒲式耳大豆的价格为 4.65 美元，但 1988 年价格水平的一半并与 1976 年出售的价格一样。1999 年初谷物的价格降至 1 蒲式耳 2.05 美元，比 23 年前即 1976 年的价格水平还低 30%。

农产品价格的下降是新时代五大主要趋势直接作用的结果。在 70 年代，高税收、政府管制和政府支出扼制了经济的发展。联邦储备局企图通过维持低利率来抵抗过度的政府支出。这两个政策结合在一起导致通货膨胀率的上升。在 80 年代和 90 年代，政

包含17种农产品的Bridge/CRB农产品期货指数

资料来源：Haver 分析局

府支出缩小，一个又一个行业的管制被撤销，税率降低。因此，经济增长幅度加快。联邦储备局对快速增长的经济的反应是将利率水平保持在高于它们应该处于的水平。这两种转变的政策结合在一起引起通货膨胀率的下降。再考虑到日益增加的全球贸易量和科技的进步，就不难理解为何农产品价格下降的幅度如此之大。例如，新的钻井术切实保证石油能够在每一个新油井中被发现。另外，高科技采掘方法可以增加用泵从每一口油井抽出的石油量。农民每天的生产力都在提高，所以高科技和紧缩的货币政策结合起来使得价格下降。

有趣的是，新时代里通货紧缩的持续并不意味着农产品生产者的利益将会受损。Alcoa公司已经提高了生产力并改变了产品构成，以至于虽然铝的价格现在是1988年价格水平的一半，公司的利润仍没有改变。农民由于价格下降而导致利润的损失大部分由不断提高的生产力得以弥补。在这些例子中，虽然生产力的提高抵消了利润的损失，但是利润并没有增长。这意味着由于通货膨胀而带来利润的时代已一去不复返了。在农产品方面成功的投资需要相应的生产力的提高。一些农产品生产者能够使用新科技并且把产品转变成具有更高附加值的农产品种类，但是一般来说，以资源为基础的投资在新时代的发展不如对金融资产的投资。

可是，许多投资者仍然相信通货膨胀就要到来。在1997年底，据报道Warren Buffet购买金属银。虽然谣言四起而且银的价格由每盎司低于5美元上升到每盎司超过7美元，但是投资者并没有得到很多收益。购买诸如金和银等贵重金属是对付通货膨胀的最后的有效措施，因此市场把Warren Buffet投资于金属银的现象看作是大投资者认为通货膨胀又返回的象征。但是，银的价格在1998年和1999年年初之间，又迅速降至每盎司5美元～5.50美元。从这个例子中得到的教训很简单：在新时代通货膨胀是不存在的，而且试图保护我们自己不受通货膨胀影响的措施是一种资源和时间的浪费。

我们从下图中可以看出，当70年代美国美元贬值及通货膨胀发生时，银和黄金的价格迅速上升。但是，自从黄金价格接近每盎司800美元和银价达到每盎司40美元的巅峰后，它们的价格开始大幅下降并趋于稳定。1996年，黄金价格增至超过每盎司400美元，但是在1999年年初，黄金价格下降到低于每盎司260美元的水平。这些贵重金属价格的下降严重影响到黄金和白银生产者发行的股票价格。费城黄金和白银股票交易指数从80年代末开始，每年下降3.5%，而且这种情况一直持续到1999年年初。

黄金和白银价格

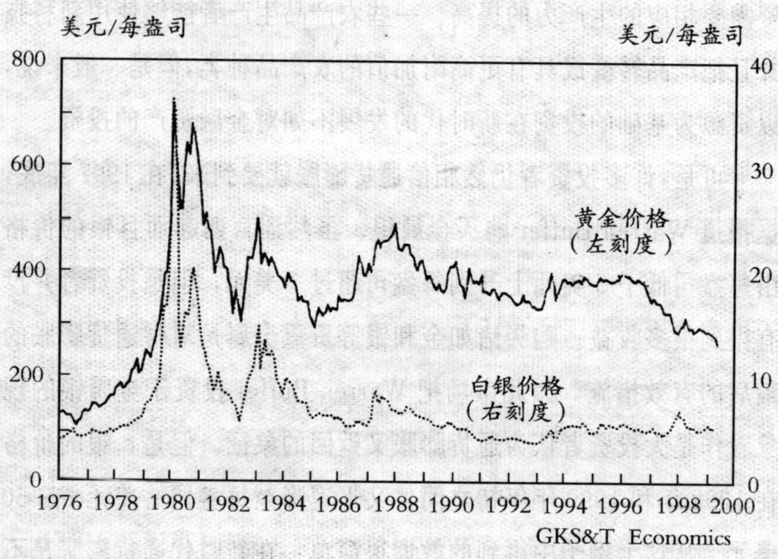

资料来源：Haver 分析局

通货紧缩和新时代

人们中流传“通货膨胀是太多的货币追逐太少的商品。”因此，通货紧缩可以被称作“太少的货币追逐太多的商品。”许多经济学家认为经济实力增强会引起通货膨胀，但实际上，经济实力增强是导致通货紧缩的原因。

一个很简单的例子可以解释这种现象。让我们设想在经济活动中有10根香蕉和10美元。如果每根香蕉每年交易一次，那么每根香蕉值1美元。现在让我们假设一种新的培植香蕉树的科学技术能够使香蕉每年产量提高到20根，如果货币供给仍是10美元，那么每根香蕉的价格从1美元降至50美分。如果货币供给增加到20美元，那么香蕉的价格将维持不变。

新时代出现的经济现象就像上面这个例子所阐述的内容。经济繁荣引起商品和服务的产量快速提高，但是因为联邦储备局继续执行紧缩的货币政策，通货紧缩出现。新时代就像工业革命时期，物品价格在未来几十年继续下降。联邦储备局将继续把经济实力的增强看作是导致通货膨胀的原因，并将加深通货紧缩的进程。联邦储备局实施的紧缩货币政策和发达的生产力进一步降低了商品、服务和不动产的价格。那些依靠投资物品的价格增长而获得利润的投资将会受到影响。在新时代，投资者投资于理念会比投资于资源取得更高的收益。

第 十 四 章

财富的新时代刚刚开始

为了理解新时代并从中获益，我们必须改变我们关于经济活动和财富创造的观点。很久以来，我们一直被告知政府是财富创造的源头而且投资者变得越来越不理性。长时间来，我们从实践中得知经济活动只能增长到一定的值，失业率只能降低到某一水平而不能再降低，股票市场行情只能上扬到一定的指数。隐藏在这些概念背后的理论都来自于旧时代，但在新时代里，这些理论被证明是错误的。在这本书里所论述的观点，表明新时代是确实存在的，而且它刚刚开始发展。

我喜爱的一则描述人们不同观点的故事里有四位主人公——一位年轻的姑娘、她的祖母、一位陆军中将和他的中尉。他们同时上一辆火车，而且坐在同一节车厢里。当火车驶入一段隧道时，所有照明灯都被关闭，车厢里一片漆黑。正在这时，他们都听到一声响亮的亲吻声和一记清脆的耳光。当火车离开隧道，每个人都想知道刚才发生了什么事。那位年轻的女士想，“哇，多么美妙的一个吻，但祖母为什么要打那位陆军中将呢？”姑娘的祖母想，“我真为我的外孙女感到骄傲，那位陆军中尉脸已经红了，她做得对极了。”陆军中将心想，“我必须和中尉谈一谈，他不应该做这种事，但是为何那位祖母反而打了我？”而陆军中尉心想，“多么美好的一天，我既吻到了一位美丽的姑娘同时又打了我的上司。”

正如这个故事所表明的，人们对世界上同一现象的看法是不同的，而正确的观点是从新时代中获益的重要因素。新时代的五大主要趋势已经为经济增长和财富积累创造了一个有利的环境。它们结束了美国70年代经济萧条的岁月，并把美国推入为期30年或40年的繁荣期。经济实力的增强、低通货膨胀率、高股票价格、利率的降低和收入的增加，都是新时代经济繁荣的表现特征。此外，经济萧条期将会越来越短，越来越少，就业机会剧增，所有这些都证明悲观主义的论调是错误的。新时代科技的发展将改变世界上每一个行业，生产力在突飞猛进地提高。

网络式经济中的“利润递增”定律，使得悲观主义关于“增长限制论”和“利润递减”定律的理论成为旧式模型，不再发挥任何作用。更为重要的是，新时代并非快要结束了。我们相当于正处在比赛的第二局，而不是第九局。新科技将需要很长时间的发展才会到达极限，更何况新时代的科技正刚刚开始起步。今天，我们正在建立美好未来的基础。随着日子一天天过去，变化的速度在不断递增。

你是否目睹过一座大厦平地而起的过程？挖地基和下桩看似需要很长一段时间，但是一旦它们被完成，建造房屋的速度就会加快。一般来说，可能只需要几个月就能建立离地十英尺左右的高度，而且每一层完工的速度都在加快。当建筑工人的作业成为一个体系时，梁木和玻璃的实时配送开始加速，这样每一层建造的速度就比以前快。

财富的新时代也是如此，但是增长率更加惊人。任何一个新入网的人都使得互联网的价值增加，而且当互联网的价值更高时，加入者获得的利益也就更多。更重要的是，当它的价值上升，加入它的成本反而在下降。个人电脑（PC）的价格在下降，几乎和DELL和Compaq（CPQ）的价格差不多。但是即使今天个人电脑的价格和两年前的一样，它们的价值也比两年前高。成本和价值是两种不同的概念。拥有电脑的价值和能够从中获取信息的能力及加入互联网的可能性都在迅速增加，以致于今天个人电脑的价值更高，而它们的花费比以前减少，这样就确定了财富创造的良性循环。我们已经完成了基础这一部分，现在是该腾飞的时候了。

既得利益集团和新的商业运作模型

新时代里最有趣的一件事，是政策决定者和我们许多著名的大企业对新时代已经到来的观点接受得很慢。我们拿 Merrill Lynch（MER）作为例子。嘲笑过在线贸易后，1999 年 6 月 1 日 Merrill Lynch 终于投降。《华尔街时报》的首页上这样叙述，“前后不到一年，Merrill 经纪业负责人 John ‘Launny’ Steffens 就公开宣称‘以互联网交易为中心的、自己可以编制的投资模型，应该被看作是对美国人金融生命的严重威胁。’Merrill 发现嘲笑在线贸易对其自身的发展是有影响的。Merrill 高级执行官相信，Merrill 里没有一个经纪人不曾将业务输过给在线经纪人。”

竞争模型的转变总是对那些既得利益集团不利。对于拥有几千员工的大公司，很难转变到一个全新的商业运作模型。但是，新时代带来的变化是不可能改变的。在 1999 年 5 月 26 日，Orade 公司（ORCL）总裁 Raymond Lane 对美国钢铁协会发表演讲，提到新时代将创造“一种新型经济形式。”他告诉在座者“我不认为我们今天的管理已经为这种变化做好了准备”，而且他们“将会自相残杀。”换句话说，如果你不改变自己的经营方式，不使用网络式经济的能力，其他人将会这么做。在新时代，那些不能找到使用新科技途径的公司，将会被新建立的公司或那些能够使用新科技并已经演变成新经营模式的公司所代替。

旧时代里的公司将会输给新时代的公司，而且正如未来几十年所预示的：新旧时代公司的差距会越来越大。投资者必须密切关注这些发展。互联网的潜力几乎是无限制的，而且与大众流行的观点相反，当最后没有更多的人加入互联网时，从网上获得的收益会继续增加。信息和端口将促进生产力的提高，减小浪费。时间是所有产品中最有价值的东西，而使用互联网是节约时间的关键。此外，容量不再成为限制商业发展的要素。我们都知道在一个零售业商店里同一时间只能容纳一定的顾客数，一位店员每次只能结算一定的定单数，但是对互联网来说却没有这些限制。只有带宽（即电信系统承载电流量的能力）才能够减缓我们上网的速度，但是带宽正以令人惊讶的速度在拓宽。

这些因素提高了生产力的发展，消除了地理环境差异而对经济产生影响。地理位置不再成为人们成功所必需具备的要素之一，网端使得任何人在任何地方都能获得必要的信息。新时代的科技正在使每个人比以前更容易地取得信息资源。当信息流通和通讯速度加快，世界变得越来越小时，全球化趋势进一步加强。新时代以前所未有的方式授权给个人，并且任何支持或充分利用新时代的公司都会获取到巨额报酬。

反对改革的人和新时代

当科技爆炸的现象出现时，社会上总是存在一些宿命论者。当织布机第一次被发明出来用于生产时，许多人认为它将会引起大部分人的失业并导致贫困。因此，就以袭击工厂、砸坏织布机的方式来抵抗这种新科技的传播。现在，当我们回顾这段历史，我们认识到织布机、拖拉机的科技确实对财富和就业机会是一种创造，而不是破坏。由这些机器设备创造的财富提高了所有居民的生活水准。另外，科技允许人们为他们的才能找到更有效的用途。

今天，科技给人的印象比以往更加深刻。它使人们可以灵活地安排时间并创造更多的机会。虽然一些把这些变化看作是不好的现象，但是如果我们将它们看作是好的，我们就能从中真正获利。历史上从来没有存在过如此多的机会。通过接受并使用新科技，我们将更易发挥出我们的天赋。

百万富翁到处可见

财富已经以令人难以置信的速度在累积。1999 年，“美国 1.02 亿家庭中有4 100 000家庭的净收益为 1 百万美元或更多。这和 1995 年99 000 000家庭中只有 300 万家庭净收益达 1 百万美元形成对比。造成这种情况的原因是自 1995 年以来股票市场真正开始发展壮大。”1995 年和 1998 年间，美国家庭的总数增加了 3%，而具有百万美元财富的家庭却几乎增加 37%。

如果你遵循前几章中提到的简单的投资意见，保持乐观的态度，找到有规律储蓄和投资的方法，你也能成为百万富翁。新时代各经济部门的股票将继续膨胀，利率和通货膨胀将仍会处于较低的水平，金融资产也将会比固定资产发展得好。

在新时代，要尽可能多地投资于债券和股票，并尽量减小你投资在不动产和农产品上的资本。更为重要的是，要摆脱债务。尽管养老金、收入和储蓄金在不断上升，但是债务仍是防碍人们积累财富的因素。在新时代，债务会使我们越来越贫困，而储蓄和投资能创造我们的财富。

摒弃悲观主义论调

1999年年初，就在这本书快要出版时，亚洲经济反弹，日本重新找到它的经济支柱，并且OPEC削减了其石油产量。人们对经济增长过热和将来通货膨胀现象出现的担忧，迫使联邦储备局两次提高利率，而且传统的思考方式再次断定新时代即将结束。随着这些担忧充斥整个金融市场，利率迅速上升。股票价格尤其是农产品股票价格开始上升，20世纪70年代曾出现过的思想又开始流传开来。

同时InfoBcads发行的一本杂志公布，直至1999年1月，美国有67 500 000台个人电脑和互联网相联系，这个数字比1998年1月增加了50%，其中企业电脑和互联网联接的台数增加了

76%，家用电脑和互联网联接的台数增加了35%。这是一个真实的事件。

随着科技发展速度的加快，新时代的经济实力在增强。这种科技爆炸时代的到来极大地提高了生产力的发展，并进一步降低通货膨胀的压力，而不是增加其压力。虽然旧的经济模型闪现出通货膨胀的预警信号，但是实际上，黄金价格已经在下降，新时代公司已经在迅速扩张。随着科技的繁荣和黄金价格达到最低水平，通货膨胀的担忧逐渐消失。此外，因为联邦储备局把短期利率维持在很高的水平，所以通货膨胀不太可能成为将来经济发展中的问题。诸如OPEC等卡特尔组织将不会在这种环境下取得长期成功。尽管存在种种担忧，新时代仍继续发展。

虽然我们时常能听到怀疑新时代到来的论调，但是新时代的五大主要趋势确实存在并已经发生作用。它们将不管怀疑者的观点而推动世界经济继续发展，并且那些抱乐观主义态度且坚信新时代的人们将继续获益。

北京科文剑桥图书有限公司

1. 欢迎您到当地新华书店购买本公司的书。
2. 邮购　单次邮购金额须超过人民币50.00元，免邮费。在收到您的订单3个工作日内，我公司即平邮发出。如需特快，请另付费。
3. 缺书　如果您所订的书籍在20天内仍缺货，我们会马上退款。
4. 换书　您收到的书如有质量问题，我们将免费为你调换。请10天之内，将图书和发票一起寄回本部。我们收到退书，将在3个工作日内为你换发。
5. 汇款、联系地址：

北京市东城区安定门外大街208号三利大厦（100011）

北京科文剑桥图书有限公司

E-Mall：Zhujianxia@Beijingkewen．com

6. 服务热线 010－64203023

版别	书　名	著（译）者	定(估)价	出版日期
新　书　推　荐				
北大科文	经济学：原理、问题对策		126.00元	2001.1
中国标准	别忘了，我们都是人——马斯洛论管理	[美]阿伯拉海姆·马斯洛	24.00元	
中国标准	从最差到第一	[美]贝休恩	22.00元	
中国标准	把公司搬上网	[美]乔纳森·伊佐	36.00元	2001.1
中国标准	企业经营失败案例分析	[美]戴维·里克斯	14.00元	2001.1
中国标准	面试轻松过关	[美]罗恩·弗莱	14.00元	2001.1
中国标准	ISO9000质量体系实用指导	[美]戴维·霍利	28.00元	2001.1
中国标准 科文	投资理念制胜	[美]迪恩·利马郎 罗成什·瓦迪伦格姆	22.80元	2001.1
中国标准 科文	经营风险与危机处理	[英]迈克尔·雷吉斯特 朱迪·拉金	16.00元	2001.1
中国标准 科文	零重力：高科技风险投资与上市	[美]哈蒙	45.00元	2001.1
中国标准 科文	管理咨询	[美]菲利浦·萨德瑞	68.00元	2001.1
中国标准	迪斯尼原理	[美]比尔·卡波戴尔 莱恩·杰克逊	19.00元	2001.3
中国标准	用户驱动下的创新——世界上首台商用计算机的奇迹	[英]戴维·卡米纳	19.00元	2001.3
中国标准	卢茨挑战经典商业法则——克莱斯勒总裁的7条军规	[美]罗伯特·卢茨	19.00元	2001.3
全美最新工商管理权威教材系列				
北大科文	管理学	[美]贝特曼	65.00元	2001.1

续表

版别	书　　名	著(译)者	定(估)价	出版日期
北大科文	财务报表分析	[美]伯恩斯坦	45.00元	2001.2
北大科文	投资学	[美]汉姆·列维	98.00元	2000.1
北大科文	财务案例	[美]W·凯斯特	65.00元	2000.1
北大科文	会计学	[美]罗伯特·N·安索尼	55.00元	2000.1
北大科文	管理会计	[美]唐·R·汉森	98.00元	2000.1
北大科文	市场营销管理	[美]约翰·A·昆克	98.00元	2000.3
北大科文	作业管理	[美]罗杰·G·施罗德	80.00元	2000.9
北大科文	战略管理	[美]亚瑟·A·汤普森	110.00元	2000.5
北大科文	财务管理分析	[美]罗伯特·G·希金斯	30.00元	2000.1三版
北大科文	产品管理	[美]唐纳德·R·莱曼	50.00元	2000.1三版
		营　销　系　列		
中国标准科文	市场调研－计划、方法与评估	[英]可罗·海格 波德·杰克逊	16.00元	2001.1
中国标准科文	公司广告运作－如何做好你的广告	[英]罗德里克·怀特	22.00元	2001.1
中国标准科文	创建销售渠道优势	[美]英伦斯·G·弗里德曼 蒂莫西·R·弗瑞	20.00元	2000.7
中国标准科文	创造永远的"酷"—儿童用品市场的营销	[美]基思·德尔·威切欧	18.00元	2000.7
中国标准科文	21世纪的营销	[荷]保尔·保斯特曼	14.00元	2000.7
宇航科文	塑造企业形象101法	[英]蒂莫西·RV·福斯特	15.00元	1999.6二版
宇航科文	口碑营销妙用101法	[美]古德弗瑞·哈瑞斯 格里格瑞·哈瑞斯	15.00元	1999.6二版
宇航科文	树立干练的专业形象101法	[英]埃勒瑞·萨姆森	15.00元	1999.6
宇航科文	获得更多商机101法	[英]蒂莫西·RV·福斯特	15.00元	1999.6二版
宇航科文	获得更多利润101法	[英]大卫·李	15.00元	1999.6二版
宇航科文	增加顾客满意度101法	[英]蒂莫西·RV·福斯特	15.00元	1999.6二版
宇航科文	产品经理手册	[英]林达·葛彻尔斯	24.00元	2000.1二版
宇航科文	赊销管理手册	[英]波特·爱德华	28.00元	2000.1二版
宇航科文	美国市场协会顾客满意手册	[美]阿伦·杜卡	19.00元	2000.1二版
宇航科文	低费用的市场营销	美国商场协会编	19.00元	1999.6二版
宇航科文	顾客服务技巧	英国市场协会编	19.00元	1999.6二版
宇航科文	产品经理的营销计划	[美]唐纳德·R·莱曼	16.00元	2000.1
宇航科文	销售明星秘诀	[美]巴里·J·法伯	10.00元	2000.1
宇航科文	如何制定营销计划	[美]约翰·韦斯特伍德	12.00元	2000.1
工商科文	3000＝1"诺氏"连锁销售经典	[美]罗伯特	15.00元	1999.6二版

续表

版别	书　　名	著(译)者	定(估)价	出版日期
		管　理　系　列		
中国标准	即时制管理	[英]大卫·哈钦斯	22.00元	2000.1
中国标准	企业教练法—利用转换式教练法创建高效的企业文化	[美]托马斯·C·克兰	12.00元	2000.1
中国标准	商战之魂—战略管理的定性与定量	[英]茜热·瓦斯康塞洛斯·伊·萨	14.00元	2000.1
中国标准	招兵买马—现代企业招聘过程	[美]凯文·C·克林维克斯	14.00元	2000.1
中国标准	造就卓越的咨询顾问	[美]杰伊·A·贝切斯	18.00元	2000.1
中国标准	绩效管理	[美]罗伯特·马克沃	16.00元	2000.1
中国标准	员工激励	[美]安妮·布鲁斯	16.00元	2000.1
中国标准	ISO9000管理体系手册	[美]詹姆斯·S·戴维斯	15.00元	2000.1
大百科	价值评估—公司价值的衡量和管理	[美]科普兰科勒	36.00元	2000.1
大百科	质量铄金—企业竞争致胜的武器	[美]隆美尔·布吕克	22.00元	2000.1
大百科	协作型竞争——全球市场的战略联营与收购	[美][illegible]克	22.00元	2000.1
宇航	成功的职业经理手册	[美]奈杰尔·李纳克尔	19.00元	1999.6二版
宇航	企业管理表格手册	英国企业管理协会	45.00元	1999.6二版
宇航	服务业国际标准手册	[英]布赖恩·罗瑟瑞	18.00元	1999.6二版
宇航	成为更出色的经理	[英]迈克尔·阿姆斯特朗	26.00元	1999.6二版
宇航	24小时经营计划	[英]罗恩·约翰逊	19.00元	1999.6二版
宇航	经理备忘录	[英]大卫·富林曼特	19.00元	2000.1
宇航	卓越管理的新思维:理念、工具和人	[英]尼尔·M·格拉斯	28.00元	2000
宇航	设计最好的公司	[美]约翰·辛格	15.00元	2000.1
宇航	减低项目风险	[英]拉尔夫·L·克莱因 欧文·S·路丁	18.00元	1999.4
建材	本田动力	[美]大卫·尼尔森	19.00元	1999.12
		沟　通　系　列		
中国标准	成功的会务组织	[美]安·J·博姆	15.00元	2000.1
宇航	谈判要点	[英]盖温·肯尼迪	29.00元	1999.6二版
宇航	秘书如何与老板共事	[英]伊丽莎白·库克	10.00元	1999.6二版
宇航	老板如何与秘书共事	[英]德布勒·欧科克	10.00元	1999.6二版
宇航	成功的商务推介	[英]乔伊斯·库什	20.00元	2000.1二版
宇航	不不为赢—如何婉言说不	[美]艾伦·亚瑟罗德 吉姆·杰荷	9.00元	1999.5
宇航	时来运转—有效管理你的时间	[美]艾伦·亚瑟罗德 吉姆·杰荷	9.00元	1999.5
宇航	傲客看招—如何对付难缠的人	[美]艾伦·亚瑟罗德 吉姆·杰荷	9.00元	1999.5

续表

版别	书　　名	著(译)者	定(估)价	出版日期
求　职　系　列				
宇航	精通英语面试	[美]克里斯托弗·帕森斯	18.00元	2000.1
宇航	外企面试中常见问题(中英文对照)	[美]约翰·凯德	16.00元	2000.5
宇航	叩开外企之门——全美101份最佳求职简历	[美]杰伊·艾·布洛克	29.00元	2000.5
金　融　系　列				
宇航	全球证券市场风险及监管	[英]里查德·戴尔	28.00元	2000.1
财　务　系　列				
宇航	中小企业财务管理——发展中的控制	[英]科林·科罗	18.00元	2000.5
宇航	财务报表分析及案例	[美]S·B·科斯特斯 盖泽·斯泽罗威	18.00元	2000.5
证券点金丛书				
工商	笑傲股市	[美]威廉·奥尼尔	26.00元	1999.5三版
宇航	专业投机原理	[美]维克多·斯波朗迪	58.00元	2000.9
宇航	固定收益证券	[美]布鲁斯·塔克曼	26.00元	2000.9
宇航	混沌操作法	[美]比尔·威姆	19.00元	2000.9
宇航	股票K线战法	[美]史蒂夫·尼森	34.00元	2000.6
标准	世纪炒股赢家—共同基金之父罗伊·纽伯格	[美]罗伊·纽伯格	19.00元	2000.1
标准	谁执股市与政坛牛耳—华尔街投资大师马鲁克传奇	[美]詹姆斯·格兰特	28.00元	2000.1
著名总裁谈经营管理系列				
宇航	品牌分销与资本运作——可口可乐CEO戈伊祖塔的超级管理魔方	[英]戴维·格里森	26.00元	2000.1二版
宇航	传媒业的创新经营——《今日美国报》创办人努哈斯谈一本万利经营	[美]艾尔·努哈斯	22.00元	2000.1二版
宇航	特许经营为何物——汉堡王总裁谈加盟式连锁经营	[美]吉姆·W·麦克拉摩	22.00元	2000.1二版
宇航	整合并购企业——人事总裁谈用人之道	[英]沃拉德	24.00元	2000.1
宇航	遭遇家族企业——威利食品公司总裁的企业变革论	[英]沃德	19.80元	2000.1
工商	娱乐业的扩张经营——派拉蒙公司总裁迪勒现身说法	[美]乔治·梅尔	19.80元	2000.1二版
工商	信息产业的适者生存战略——布隆伯格的金融信息经营之道	[美]麦克·布隆伯格	15.00元	2000.1二版
工商	兼并经典——震惊华尔街的伟恩投资策略	[美]盖尔·迪乔治	19.80元	2000.1二版
知识	甜苹果?酸苹果?——苹果电脑公司总裁的500天	[美]吉尔·阿米里奥	19.00元	1999.6

续表

版别	书　　名	著(译)者	定(估)价	出版日期
信息经济系列				
中国标准	网际搏杀——网景微软生死之争	[美]迈克尔·卡苏曼诺大卫·约菲	28.00元	2000.1
中国标准	新经济规则——硅谷新生代重新洗牌	[美]卡伦·索斯威克	19.00元	2000.1
建材	数字化经济——电子商业的七大网络趋势	[美]查克·马丁	19.00元	1999.6
赚钱之神系列				
中国经济	邱永汉——理财秘诀	邱永汉	10.80元	2000.12
中国经济	邱永汉——赚钱自传	邱永汉	12.80元	2000.12
中国经济	邱永汉——谈赚钱秘诀	邱永汉	12.80元	2000.12
中国经济	邱永汉——谈创业之道	邱永汉	14.80元	2000.12
中国经济	邱永汉——股票入门	邱永汉	12.80元	2000.12